HISTOIRE

DU

DÉPARTEMENT DE LA MARNE

PAR

P. CHEVALLIER

Inspecteur primaire, Officier d'Académie.

En vertu d'un décret du 28 janvier 1790, le département de la *Marne* fut créé par l'Assemblée constituante. Il a été formé de la *Champagne pouilleuse*, au centre ; du *Rémois*, capitale Reims, au nord ; de l'*Argonne*, capitale Sainte-Ménehould, au nord-est ; du *Perthois*, capitale Perthes, à l'est, et de la *Brie*, à l'ouest ; ces trois dernières provinces pour partie seulement.

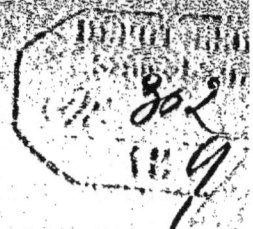

L'histoire du Rémois et de la Champagne devant prédominer dans celle du département de la Marne, nous indiquerons sommairement ce qui se rapporte aux habitants de ces deux provinces.

Le pays était autrefois habité par les *Remi* et les *Catalauni* ; il faisait partie de la *Belgique*.

Domination romaine. — Au second livre de ses *Commentaires*, César parle des Remi comme d'un peuple puissant et très influent dans la Gaule dite *Chevelue*, ainsi que des relations qui existaient entre eux et les Romains, de leur soumission volontaire et de leur constante fidélité pendant la conquête de la Gaule. Leur cavalerie prêta son appui à César quand, en 54 avant

Jésus-Christ, le général Labienus battit le patriote chef des Trévires. A diverses reprises, les Remi prirent le rôle d'arbitres et intercédèrent auprès de César en faveur de plusieurs peuples, notamment des Carnutes.

Reims se ressentit du contact et des bienfaits des vainqueurs : on y remarque encore aujourd'hui la *porte de Mars*, arc de triomphe qui se compose de trois arcades ; sept voies romaines se croisaient à Reims et mettaient cette ville en relations directes avec toutes les parties de la Gaule.

Une tranquillité relative fut assurée à Reims (*Durocortorum Remi*) et à Châlons (*Durocortorum Catalauni*), ainsi qu'aux pays environnants, pendant l'époque gallo-romaine. Cependant, au milieu des divisions profondes qui compromirent l'unité de l'empire romain, la Gaule faillit reprendre son indépendance. L'empereur *Aurélien*, vainqueur en Orient, s'était avancé en Gaule pour réduire ce pays (273), où il avait à combattre *Tétricus* (Pesuvius), sénateur et gouverneur de l'Aquitaine, qui avait été investi de la pourpre impériale (en 267) et reconnu comme collègue par Claude, engagé dans de lointaines expéditions. Tétricus avait d'abord repoussé avec courage les barbares de la frontière du Rhin ; attaqué ensuite par Aurélien, il ne lui opposa qu'une faible résistance à *Châlons-sur-Marne* (274) ; il négociait tout en disposant ses troupes. Tétricus, d'intelligence avec Aurélien, se porta en avant avec ses plus fidèles compagnons, se fit couper et envelopper par l'ennemi tandis que ses légions combattaient loyalement et bravement. Ces héros de l'indépendance gauloise furent vaincus, et le traître, après avoir, ainsi que son fils, figuré au triomphe de l'empereur romain, accepta d'être gouverneur de la Lucanie (Italie méridionale).

Vers le milieu du troisième siècle, le christianisme s'introduisit tant à Reims qu'à Châlons, qui eurent alors leur premier évêque.

Probus, après avoir été élu empereur par les légions de Syrie en 276, expulsa les Germains de la Gaule et autorisa les Rémois à replanter la vigne arrachée par ordre de *Domitien* : il préparait ainsi à la Champagne une source féconde de ressources dont encore aujourd'hui s'enrichit le département.

En 356, les *Francs* furent repoussés des plaines de Champagne par l'empereur *Julien* qui fit alors une savante campagne, dont le résultat lui valut d'être proclamé empereur par ses légions, à Lutèce, en 360. *Jovinus*, habile guerrier et consul rémois, continua, après la mort de Julien, à repousser les barbares qu'il vainquit dans une bataille près de *Châlons* (366). Ce consul, dont on voit le cénotaphe au musée de sa ville natale, se convertit, et, par son exemple, assura le triomphe du catholicisme (366). Le tombeau de Jovinus est sculpté en relief sur le devant et représente une chasse au lion.

Quarante ans plus tard, comme un torrent impétueux, des hordes de Vandales, de Suèves, d'Alains et de Burgondes traversèrent le Rhin et dévastèrent les riches cités gallo-romaines. La ville de Reims fut mise à sac par les Vandales qui massacrèrent l'évêque *Nicaise* sur le seuil de son église.

Domination franque. — A peine cinquante années après (fin février 451), une nouvelle invasion, plus terrible encore que la précédente, celle des Huns, vint fondre sur la Gaule. *Attila*, après avoir saccagé le pays de Trèves, brûlé Metz et pris Reims, se dirigea sur Troyes qui dut son salut aux prières de son évêque saint Loup; il laissa Paris sur sa droite et mit le siège devant Orléans. Le général romain *Aétius*, le roi des Wisigoths et *Mérovée*, à la tête des Francs, accoururent au secours de cette ville et repoussèrent l'envahisseur qui fit retraite sur la Seine et la Marne. Il y eut entre les armées ennemies un choc formidable au passage du fleuve à *Méry-sur-Seine* (Aube); trente mille hommes restèrent sur le champ de bataille. Attila put néanmoins franchir la Seine et prit position dans les *champs catalauniques*, entre Méry-sur Seine et Châlons, prétendent certains auteurs; mais bon nombre d'historiens dignes de foi placent cette grande bataille au nord de Châlons. La droite des Huns était appuyée sur Suippes et la gauche au camp retranché de *la Noblette*, depuis dit *Camp d'Attila*, près de la Cheppe. Vis à vis se déployaient les lignes de l'armée d'Aétius, qui était à gauche avec les Gallo-Romains, puis les Francs; au centre, les Alains et les Burgondes ; à droite, *Théodoric* avec les Wisigoths. Après des succès balancés, l'armée des Huns commença un mouvement rétrograde et la cavalerie des Wisigoths acheva la victoire : malheureusement Théodoric, atteint au front par un trait, tomba sous les pieds des chevaux et mourut écrasé. La nuit n'arrêta pas le carnage ; les Huns se rallièrent derrière les profondes lignes de leurs chariots. « Le lendemain, dit M. Tourneux, l'auteur de « l'Attila dans les Gaules, » lorsque le soleil se leva, il éclairait à perte de vue des monceaux de cadavres : cent soixante mille barbares tombèrent dans les champs catalauniques. Attila reprit quelques jours après la route du Rhin, suivi à peu de distance par Aétius qui le quitta seulement lorsqu'il se fut assuré que les hordes des Huns s'éloignaient de l'autre côté du Rhin, vers les sauvages contrées de la Germanie.

Vers cette époque, Château-sur-Aisne ou Auxuaire, et plus tard Astenay, fut visitée par un seigneur du Perthois et sa fille *Ménehould*, qui se fit religieuse et reçut le voile des mains de *saint Alpin*, évêque de Châlons. Ménehould s'occupait avec beaucoup de zèle d'administrer des secours aux malades ; ses bons soins, et la connaissance qu'elle avait des vertus des plantes, amenèrent des guérisons inattendues et la firent regarder par les habitants comme une patronne ; lorsqu'elle fut canonisée, la ville prit insensiblement le nom de *Sainte-Ménehould*.

Les Francs, déjà établis à Cambrai et à Tournai, avaient pu, tant sous Mérovée que sous Childéric, se rendre compte de la décadence de l'État gallo-romain ; d'autre part, les évêques catholiques avaient fondé de grandes espérances sur ces vaillantes tribus païennes qu'ils se flattaient de convertir au christianisme.

En 459, le siège métropolitain de Reims fut occupé par *Remi* (Remigius), âgé de vingt-deux ans ; issu d'une famille des plus honorables d'Erny, près de Laon (Aisne), il ne tarda pas à conquérir une grande renommée en Gaule. De très bonne heure, il entra en relations avec *Clovis* et il aida à ses premiers succès ; les émissaires de l'évêque avaient guidé l'armée franque à travers les défilés de la forêt des Ardennes pendant la lutte de Syagrius et de Clovis ; l'anecdote célèbre du vase de

Soissons (486) fait connaître les rapports intimes qui existaient déjà entre Clovis et l'épiscopat gaulois. Le mariage du roi franc avec Clotilde (493) fut négocié par saint Remi. A Tolbiac, dans une bataille contre les Alamans, Clovis avait juré de se faire chrétien s'il remportait la victoire; la défaite des ennemis fut complète et Clovis, fidèle à son serment, reçut le baptême à Reims avec trois mille de ses soldats. « Courbe la tête, fier Sicambre, lui dit saint Remi en lui versant l'eau baptismale; adore ce que tu as brûlé, et brûle ce que tu as adoré. » La conversion du roi et son sacre cimentèrent l'alliance entre l'autorité des Francs et celle des évêques catholiques. Saint Remi et ses successeurs à Reims, ainsi que les évêques de Châlons, virent augmenter leur pouvoir par le titre de seigneurs de la ville épiscopale, et restèrent indépendants des comtes de Champagne qui, plus tard, vers le dixième siècle, assurèrent leur domination sur le reste du pays.

Clovis vint à Châlons (496), où il fut accueilli avec des acclamations. Après sa mort, en 511, lors du partage de la Gaule entre ses fils, *Thierry*, roi de Metz, se fit attribuer les villes et les territoires de Reims et de Châlons. En 531, *Perthes*, qui avait eu des rois, puis des comtes, redevint la capitale d'un royaume éphémère donné à un descendant de Clovis, nommé *Mundéric*. Ce prince profita de l'absence de Thierry, roi d'Ostrasie, pour faire valoir des droits qu'il prétendait avoir sur tout le Perthois; ayant rassemblé en peu de temps un grand nombre de partisans, il lutta avec vigueur contre Thierry; mais il fut ensuite obligé de s'enfermer dans *Vitry-en-Perthois*, que le roi de Metz assiégea en vain pendant sept jours. Mundéric, trompé par *Arégisile*, un des leudes de Thierry, qui avait donné l'ordre de l'attirer dans une entrevue et de le mettre à mort, sortit de Vitry, en se tenant sur ses gardes; et, dès qu'il vit qu'Arégisile, malgré le serment que celui-ci avait fait de respecter la vie de Mundéric, ordonnait aux siens de se jeter sur lui, le roi de Perthes tua le parjure et, livrant bataille aux soldats de Thierry, périt dans la mêlée. Le Perthois fut dès lors réuni à l'Ostrasie.

Sigebert, fils de Clotaire Ier, établit souvent sa résidence à Reims. Excité par la reine *Brunehaut*, sa femme, qui voulait venger sa sœur, il attaqua son frère *Chilpéric* et l'assiégea dans Tournay ; puis il réunit, à Vitry-en-Perthois, les leudes neustriens qui lui promirent fidélité ; mais deux émissaires de *Frédégonde*, reine de Neustrie et implacable ennemie de Brunehaut, pénétrèrent près de Sigebert et le frappèrent de longs couteaux empoisonnés (575). Brunehaut, ayant mécontenté les leudes par son énergique autorité et son vif désir de faire revivre les institutions romaines, fut abandonnée par leur armée et elle tomba entre les mains de *Clotaire II*, aux environs de Châlons, en 613.

La haine qui armait la main criminelle de Frédégonde et la soif de vengeance qui dévorait Brunehaut entretinrent ainsi des guerres continuelles dont souffrit le pays qui, à cette époque, fut aussi ravagé par la peste, une inondation et deux disettes. Malgré tous ces malheurs, la fin du septième siècle vit la fondation de célèbres abbayes entourées de nombreuses fermes et de riches vignobles : *Hautvillers*, *Avenay*, etc. ; les moines, s'adonnant au travail agricole, le remirent en honneur.

Les maires du palais, *Pépin*, *Charles-Martel* et *Pépin-le-Bref*, occupèrent à plusieurs reprises le château de *Ponthion* ; ce dernier, notamment, y reçut en 754 le pape Etienne II qui venait solliciter contre les Lombards le secours du nouveau roi. L'héroïque Waïfre, duc d'Aquitaine, dans ses expéditions contre Pépin-le-Bref, à qui il rendait invasion pour invasion, s'avança jusqu'à Châlons. (760-768).

Domination carolingienne. — Sous l'administration de *Charlemagne*, la Champagne jouit d'une ère de prospérité. *Louis le Débonnaire* fut sacré à Reims, en 816, par le pape Etienne IV, et *Ebbon*, archevêque de cette ville, présida, à Soissons, le concile où fut déposé l'empereur (833). Vainqueur à Fontanet en 841, *Charles le Chauve* vint recevoir à Châlons sa mère Judith et les troupes qu'elle lui amenait. Ebbon, qui tenait son siège de la générosité de Louis le Débonnaire, dont il était le frère de lait, fut remplacé, en 845, par *Hincmar* qui, chassé par les Normands, dut quitter son palais. Hincmar se réfugia à Epernay, puis à Orbais, où il attendit des jours meilleurs ; les Normands repoussés, il rentra à Reims. Mêlé aux querelles politiques et religieuses du temps de Charles le Chauve, il fit tous ses efforts pour sauvegarder et même pour fortifier le principe d'autorité battu en brèche par les seigneurs qui organisaient à leur profit et aux dépens du roi le système féodal.

Au concile de Beauvais (845), l'évêque de Châlons, *saint Loup*, avait prêté serment entre les mains de Charles-le-Chauve et lui avait rendu hommage comme comte de Châlons et vassal de la couronne. En retour de leur fidélité constante, le roi octroya plusieurs chartes aux cités de Reims et de Châlons ; il accorda même à l'évêque *Erchenraüs* l'autorisation de fonder dans cette dernière ville un hôtel des Monnaies.

Malgré ces concessions de plus en plus importantes, le roi Charles ne put arrêter la décomposition de son royaume qu'il dut même défendre contre son frère Louis-le-Germanique. Ce dernier, soutenu par les seigneurs et par certains évêques, mécontents d'avoir eu à repousser seuls les Normands, se fit proclamer roi à *Ponthion* (878), après avoir engagé l'assemblée à déposer Charles le-Chauve. Charles accourut, traversant Châlons ; mais, abandonné par ses troupes, il s'enfuit en Bourgogne. Louis-le-Germanique revint alors à Vitry-en-Perthois, puis à Ponthion, et de là se rendit à Sens pour se faire sacrer. Charles avait reconstitué son armée en faisant de nouvelles concessions aux seigneurs ; il reconquit les villes de la Champagne qui s'étaient données à Louis, et convoqua à Ponthion un concile qui confirma son élection comme roi de France (866).

Les Normands firent des incursions dans une partie de la Champagne qu'ils dévastèrent ; ils pénétraient dans le pays par l'Aisne et par la Meuse ; ils s'étaient avancés jusqu'à Saint-Gibrien, près de Châlons, mais ils se retirèrent devant l'attitude énergique des habitants de cette ville.

La Champagne vit s'élever tout près d'elle une puissance redoutable, celle des *comtes de Vermandois* ; l'un d'eux, le célèbre *Herbert*, eut en apanage cette province qui était restée fidèle à la famille carolingienne. *Charles-le-Simple* avait été couronné à Reims, en 893, alors que *Eudes*, comte de Paris, régnait depuis

887 ; aussi, à chaque élection, le siège de Reims était-il disputé avec acharnement par les deux partis.

En 929, le successeur de Charles-le-Simple, Raoul, rencontrant une vive opposition chez l'archevêque de Reims, *Hugues de Vermandois*, le fit déposer ainsi que l'évêque de Châlons. Quelque temps après, une ligue s'organisa entre Reims et Châlons contre Raoul. Celui-ci accourut devant Reims, en força l'entrée, puis vint mettre le siège devant Châlons qu'il prit et livra aux flammes.

Plus tard, lorsque *Louis IV d'Outremer* implora, contre les seigneurs, l'assistance d'Otton, roi de Germanie, celui-ci passa la Meuse en 946 et se dirigea sur la Marne avec le roi de France ; Hugues-le-Grand, à la tête du parti féodal, se prépara à la lutte, mais il ne put arrêter ses ennemis qui entrèrent à Reims, où Louis d'Outremer mourut en 954. *Lothaire*, succédant à son père sur le trône de France, par la volonté de Hugues-le-Grand, changea de politique. Au lieu de rechercher l'alliance d'Otton II, dans la lutte qu'il continuait contre les grands vassaux, il voulut reconquérir les vallées de la Meuse et de la Moselle ; mais le roi de Germanie envahit de nouveau la France et ravagea la Champagne, brûlant les villes naissantes, telles qu'*Epernay*, qui avait déjà eu à souffrir des guerres précédentes. Il marchait sur Paris à la tête de soixante-mille hommes quand, trouvant devant lui *Hugues-Capet*, qui l'attendait de pied ferme, il évita la bataille et n'assiégea pas la ville. Poursuivi sans relâche dans sa retraite par *Lothaire*, il perdit une grande partie de ses soldats au passage de l'Aisne ; le roi de France, reprenant l'offensive, reconquit la Lorraine en 967.

A partir de cette époque, les prélats de Reims et de Châlons, après avoir appuyé Lothaire, abandonnèrent les descendants de Charlemagne ; ce fut même *Adalbéron* qui, mettant toute son influence au service de Hugues-Capet, dirigea la révolution qui substituait définitivement les Capétiens aux Carolingiens ; ce changement opportun maintenait à l'Eglise de Reims la prééminence qu'entendaient conserver les métropolitains de Champagne.

Les Capétiens. — Bien que Hugues-Capet, proclamé roi à Senlis, se fût fait couronner à Noyon, la cathédrale de Reims devait rester, pendant toute la durée de l'ancienne monarchie, la ville du sacre. Sous Adalbéron, un moine nommé *Gerbert*, homme très instruit, fut élu archevêque, en 991, par le concile de *Saint-Basles*, près de Reims, pour remplacer *Arnulf*, membre de la famille carolingienne, qui fut déposé comme coupable de trahison. Mais le pape ayant protesté contre cette élection, qui lui paraissait entachée d'illégalité, Gerbert se soumit. Bientôt l'ancien moine devint pape sous le nom de Sylvestre II, en 999, et, par un acte de loyauté qui l'honore, il réintégra lui-même son adversaire Arnulf sur le siège de Reims.

L'an 1000, avec son cortège de sinistres prédictions, trouva les esprits en proie à une terreur universelle. Cependant un grand nombre d'habitants auraient dû se rassurer en voyant un évêque de Châlons, *Gibrien II*, homme d'une réputation méritée, organiser, dans les dernières années du dixième siècle, sa cour épiscopale ; il se donna douze pairs, dont six ecclésiastiques et six laïques ; ces derniers étaient : le vidame, les sires de Cernon et de Conflans, les châtelains de Somme-Vesle, de Baye et de Fagnières.

Peu après cette époque, *Eudes*, comte de Blois, de Chartres et de Tours, recueillit (1030) la succession de son parent *Etienne de Vermandois*, mort sans héritier. Cette nouvelle famille de comtes de Champagne donna *Etienne II*, qui lutta contre le roi de France *Henri I*[er] ; *Thibault I*[er], qui porta le titre ancien de palatin et mourut en 1089 ; *Henri*, dit Etienne, qui prit part à la première croisade que le pape Urbain II, né à Châtillon-sur-Marne, avait décidée et prêchée à Clermont en Auvergne.

Sous le règne de *Louis VI*, Reims fut indiqué comme le lieu de concentration de l'armée que le roi de France rassemblait contre l'empereur d'Allemagne Henri V (1124) ; celui-ci, devant cette imposante manifestation nationale, jugea prudent de se retirer sans livrer bataille. Les Châlonnais et les Rémois avaient fourni à Louis VI soixante mille hommes tant fantassins que cavaliers.

En 1125, *Thibault II*, déjà comte de Chartres, de Blois et de Brie, réunit à ses vastes possessions le comté de Champagne, qu'il acheta de son oncle *Hugues Ier*, lorsque ce dernier partit pour la Terre-Sainte. Thibaut II s'allia avec Henri Ier, roi d'Angleterre, contre Louis VI, qui le punit rigoureusement de sa tentative de révolte. A l'avènement de *Louis VII*, ce vassal remuant saisit encore avec empressement toutes les occasions d'irriter le roi. Celui-ci, outré, leva des troupes et marcha vers la Champagne ; arrivé devant Vitry-en-Perthois, il prit d'assaut cette ville qui s'était vigoureusement défendue et en fit brûler la citadelle ainsi qu'une partie des habitations (1142). D'après certains historiens des plus suspects, le roi aurait fait périr treize cents personnes réfugiées dans l'église de Vitry ; d'autres, plus dignes de foi, s'accordent à dire que le nombre des victimes s'éleva bien à ce chiffre, mais que le massacre eut lieu dans la mêlée et dans le château.

Quelques années auparavant (1139), Louis VII avait accordé à Reims une charte de commune qui constituait une magistrature municipale (l'échevinage) ; mais l'archevêque et le comte de Champagne combattirent et renversèrent cette autorité qui fut rétablie 43 ans plus tard, en 1182, par une nouvelle charte ; cette fois, avec l'appui de l'autorité royale, la nouvelle communauté put s'organiser au prix d'énergiques efforts, jusqu'à ce qu'enfin elle fût parvenue à constituer un conseil de ville dont le président acquit peu à peu une grande autorité.

La prise d'Edesse par Nourreddin (1144) détermina les chrétiens d'Occident à entreprendre une nouvelle croisade. Le 14 juin 1147, Louis VII vint à Châlons où il fut rejoint par le pape Eugène III ; saint Bernard, abbé de Clairvaux, les y avait précédés. Ils conférèrent ensemble sur la situation des lieux saints. Du haut d'une chaire de pierre, élevée au milieu du Jard, avec son éloquence mâle et persuasive, saint Bernard prêcha la nécessité d'une croisade. En 1681, on voyait encore la chaire de pierre illustrée par le savant abbé.

En 1152, *Henri-le-Large* succéda à Thibaut II et, par sa générosité, il mérita bien son surnom.

En 1180, le comte *Henri II* gouvernait la Champagne. Il accompagna *Philippe-Auguste* en Terre-Sainte, y demeura après le retour du roi en France et, grâce à Richard-Cœur-de-Lion, fut proclamé roi de Jérusalem. Il fut remplacé par *Thibault III*, son frère, qui, en 1197, avait pris la croix des mains de Foulques de Neuilly. Sa femme, *Blanche de Navarre*, constitua et enrichit la commune de Sainte-Ménehould (1202), et affranchit les habitants de toutes servitudes personnelles, sauf le service militaire.

Thibault IV, dit le Posthume, avait succédé à son père en 1201 ; il fut élevé avec beaucoup de soin par sa mère qui gouverna sagement à sa place pendant sa minorité. Arrivé à l'âge d'homme, Thibault IV mécontenta *Louis VIII* qu'il abandonna brusquement avec ses troupes après l'avoir acompagné jusqu'au siège d'Avignon. Le roi avait décidé de venger cette injure, mais il mourut à Montpensier, en Auvergne (1226) ; des calomnies attribuèrent même cette mort prématurée à Thibault sur l'esprit et le cœur de qui Blanche de Castille exerçait une grande influence, par ses mérites et sa beauté. Les seigneurs, voyant *Louis IX* et la régente, sa mère, sans appui, crurent le moment opportun pour abaisser l'autorité royale ; ils firent de Thibaut IV le chef de leur ligue féodale. Le comte de Champagne joua dans cette affaire un rôle des plus équivoques et s'entremit même pour la conclusion de la paix de Vendôme (1227), habilement gagné par Blanche de Castille qui sut profiter de l'empire qu'elle exerçait sur lui et le détacha du parti des révoltés. Ceux-ci, irrités de la défection de leur allié, se jetèrent sur la Champagne, qui, cependant, grâce à l'appui du roi et de la régente, resta sous l'autorité de son comte. En 1234, Thibault IV devint, par héritage de son oncle, roi de Navarre, et il dirigea une croisade en 1238 ; mais, battu par les Musulmans, il revint en France (1240) et y mourut en (1253), laissant une réputation méritée de poète lyrique.

Son fils, *Thibault V*, gendre du roi Louis IX, accompagna son beau-père à Tunis et y mourut en 1270. Son frère *Henri III* (1270-1274) ne laissa qu'une fille, *Jeanne de Navarre*, qui, en 1284, épousa le fils aîné du roi *Philippe III, le Hardi*, de sorte que la réunion de la Champagne à la couronne de France fut définitive en 1285, lorsque *Philippe IV le Bel* monta sur le trône. Le roi et la reine furent couronnés à Reims en 1286.

Les Valois. — L'histoire de cette province se trouve dès lors liée à celle du royaume. En 1356 périt glorieusement à Poitiers l'évêque de Châlons, *Renard*, qui commandait une partie de la chevalerie avec son ami, le *sire de Ribemont*. Pendant la captivité du roi *Jean-le-Bon*, les villes de Châlons et de Reims demeurèrent soumises au Dauphin, et lors du mouvement du Tiers-État, dirigé par Étienne Marcel, le *sire de Conflans*, maréchal de Champagne, paya de son sang sa fidélité à la couronne royale.

A la paix de Brétigny, parmi les otages livrés au roi d'Angleterre, se trouvaient deux citoyens de Châlons; les Rémois et les Châlonnais fournirent une forte somme d'argent pour la rançon du roi.

En 1358, les Anglais, commandés par Robert Knolles, ravagèrent la Champagne, pendant que les troubles de la Jacquerie désolaient aussi cette province; tout le pays de Reims fut mis à feu et à sang, ainsi que les environs d'Epernay, Vertus et Sézanne.

Deux ans plus tard, Edouard III, pour forcer les Français à souscrire aux conditions inexorables qu'il voulait imposer au roi de France, captif à Londres, envahit de nouveau le pays et assiégea Reims pendant trente-sept jours; mais les milices communales de Reims et de Châlons battirent l'envahisseur, qui se retira sur Troyes. Dans sa retraite, il tenta en vain de surprendre Châlons qui, l'année précédente (1359), avait déjà repoussé un assaut des partisans de Charles-le-Mauvais, roi de Navarre. Enfin, en 1373, les Anglais, commandés par les ducs de Lancastre et de Buckingham, envahirent la Champagne, brûlèrent Vertus, pillèrent et ravagèrent Hermonville, Villedommange, Le Meix-Tiercelin et Margerie.

La Champagne eut aussi à souffrir des guerres civiles qu'engendra la discorde des maisons de Bourgogne et d'Orléans. En 1407, le bailli de Vitry s'empara de *Mont-Wedmar*, ville assise sur le Mont-Aimé, près de Vertus, et dont les habitants avaient pris parti pour les Armagnacs. Pendant que ces derniers échouaient à deux reprises dans leur tentative pour reprendre Châlons, les Anglais s'emparaient de Vitry, Sézanne, Vertus et Epernay qu'ils ne gardèrent que peu de temps. La ville de Reims, égarée par les funestes conseils de *Guillaume de Châtillon*, ouvrit ses portes aux envahisseurs en 1421; mais ils rencontrèrent une résistance énergique à Epernay, Vertus, Sézanne, Vitry et Châlons, qui cependant succombèrent, et le comte de Salisbury fut appelé par Henri V au gouvernement de la Champagne. L'occupation étrangère, les bandes de partisans, les impôts nouveaux, la famine et la peste accablèrent les malheureux habitants et dépeuplèrent la contrée.

La France semblait agoniser et s'abandonner aux Anglais, lorsque parut Jeanne d'Arc; cette héroïque jeune fille chez qui l'amour de la patrie malheureuse s'était développé jusqu'à l'exaltation, sut faire renaître, dans l'âme des capitaines et des soldats découragés, la confiance et le courage qui l'animaient. Après avoir obligé les Anglais à lever le siège d'Orléans (8 mai 1429), elle voulut conduire Charles VII à Reims, la ville du sacre, où il devait ceindre la couronne et être proclamé roi national. L'armée française, mal accueillie devant Auxerre et Troyes, trouva une réception des plus enthousiastes dans le pays châlonnais; l'évêque et le peuple se portèrent joyeusement au-devant du roi et de Jeanne, qui retrouva à Châlons quelques-uns de ses compatriotes de Domremy, accourus pour la voir passer dans sa gloire (11 juillet 1429). Le 16 du même mois, le cortège arrivait devant Reims. Le gouverneur bourguignon voulait forcer les habitants à la résistance; mais, en présence de l'hostilité qu'il rencontra, il jugea prudent de quitter la ville; le soir même, *Charles VII* y fit son entrée solennelle à la tête de l'armée, et le lendemain, dans la cathédrale de Reims, il fut sacré en présence de Jeanne qui se tenait au pied de l'autel, son étendard à la main.

Les Anglais, furieux de voir Châlons secouer le joug, essayèrent, ensuite, de rentrer dans la place en attaquant le couvent des Cordeliers, situé près de la porte du Jard; mais *Eustache de Conflans* les repoussa. L'année suivante, avec l'aide de quelques corps bourguignons, les ennemis, voulant tenter un nouvel assaut, s'étaient solidement établis à la Croizette, village situé entre Châlons et Lépine, et détruit depuis longtemps : *Barbazan*, gouverneur de Champagne, vint secourir Eustache de Conflans. Les Français n'attendirent pas l'attaque des assiégeants; ils firent une vigoureuse sortie et arrivèrent jusque dans les retranchements anglais. Après un combat long et meurtrier, Châlons fut sauvé et, en 1431, le même Barbazan reprit aux ennemis le château et la ville du Mont-Aimé dont les restes, qui servaient de repaire à des troupes de voleurs, furent démolis par les habitants de Reims, Châlons et Troyes, sous les ordres du capitaine de Châtillon.

En 1432, les Bourguignons surprirent la ville d'Epernay, en chassèrent tous les habitants et brûlèrent l'hôpital de la Folie avec un grand nombre de maisons. Les malheureux exilés se virent réduits, en plein hiver, à aller mendier un asile dans les villages voisins; ce ne fut que trois ans plus tard qu'ils purent rentrer dans leurs foyers et réparer les ruines qu'avaient laissées derrière eux les alliés de l'étranger. Le 5 mai 1445, la cour vint s'installer tant à Châlons qu'au château de Sarry, résidence des évêques; des fêtes eurent lieu au Jard et la paix fut signée entre le roi et le duc de Bourgogne.

Aux maux de la guerre s'ajouta la peste qui ravagea le pays vers la fin du quinzième siècle. Puis, pendant quelques années de calme, l'industrie et le commerce se développèrent d'une façon remarquable; les déprédations des *Egorgeurs* vinrent seules, dans la vallée moyenne de la Marne, entraver ces progrès à l'abri desquels se fortifiait l'autorité municipale.

La lutte entre *François I*er et *Charles-Quint* amena des bandes de pillards et de bandits qui parcouraient et ravageaient les campagnes; en 1521, la peste fit à Châlons de si grands ravages que le conseil de ville alla s'établir à *Matougues*.

Lors de la dernière guerre entre François I*er et Charles-Quint, celui-ci ravagea le Perthois et vint attaquer Vitry-en-Perthois à peine relevé des ruines qu'y avait accumulées un incendie allumé par les Bourguignons. Le comte de *Brissac* commandait cette place ; mais Vitry, dominé de tous côtés par des collines sur lesquelles Charles-Quint avait établi des canons, lui parut devoir être abandonné, et il évacua la ville. Les habitants, malgré cet abandon, ayant refusé courageusement d'ouvrir leurs portes, les ennemis, furieux, détruisirent Vitry et le brûlèrent : d'où son nom de *Vitry-le-Brûlé*. L'armée allemande, continuant sa marche, ravagea les rives de la Marne et fit une démonstration contre Châlons. François Ier l'attendait à *Jâlons* ; les Impériaux allèrent camper à Avenay. Instruit qu'Epernay renfermait beaucoup de vivres, Charles-Quint se disposa à l'attaquer ; mais le roi de France le prévint et ordonna au capitaine *Séry*, qui commandait la place, d'y mettre le feu. Cet ordre fut exécuté le 3 septembre 1544 : en vingt-quatre heures, la ville ne fut plus qu'un monceau de cendres. *Châtillon-sur-Marne* tomba aussi au pouvoir de l'armée ennemie. Après la paix de Crespy, François Ier voulut réparer les désastres de la guerre et fit rebâtir Vitry, non sur le même emplacement, mais sur celui de Maucourt, village situé à quatre kilomètres plus à l'est, dans une plaine que ne dominait aucune colline (1545) ; Vitry-en-Perthois resta un petit bourg, tandis que *Vitry-le-François* (du nom de son fondateur) se développa rapidement. En 1552, le roi *Henri II*, se proposant d'envahir l'Allemagne, avait rassemblé, près de Châlons, une armée de 38,000 hommes ; il entra par la porte Saint-Jacques et, pour témoigner sa satisfaction, il dispensa les habitants de payer les tailles qui pourraient être établies à l'avenir. Bientôt le massacre de Wassy (Haute-Marne) (1er mars 1562) ouvrit l'ère des guerres de religion. L'archevêque de Reims, *Claude de Lorraine*, de la famille des Guises, décida la ville à défendre la cause catholique ; à Châlons, les protestants voulurent soutenir leurs droits, mais ils furent vaincus et dispersés : ces deux cités restèrent fidèles au roi, ainsi que Sainte-Ménehould, qui fut vainement assiégé par les réformés en 1562.

Ceux-ci s'allièrent aux *Politiques* et obtinrent des Allemands un secours de 20,000 soldats. *Henri de Guise*, beau-frère du roi *Henri III*, marcha de Paris vers l'Est, pour repousser ces bandes allemandes. Il rencontra leur avant-garde à *Dormans*, la battit et reçut dans l'engagement une blessure qui lui fit donner le surnom de *Balafré* (20 juillet 1575). Les réformés, pour se venger, démolirent le château de Châtillon-sur-Marne et dévastèrent le pays. Les Châlonnais, trompés sur les intentions des Guises, s'étaient ralliés à eux. De 1580 à 1585, il y eut à Châlons deux capitaines : l'un, *du Castel*, pour le roi; l'autre, *Philippe de Champagne*, pour la Ligue; après quoi, le duc de Guise ayant pris possession de la ville, le lieutenant-général de Champagne pour le roi se retira à Troyes.

Après la mort de Henri III (1589), une chambre du Parlement de Paris démembré vint s'établir à Châlons et, suivant la politique de cette ville, favorisa le parti du Béarnais, qui fut proclamé roi légitime. Mais les Châlonnais ne se bornèrent pas à acclamer *Henri IV*, ils l'aidèrent à reconquérir une partie de la Champagne, en s'emparant des châteaux de Conflans, Aulnay-l'Aître et Aulnay-aux-Planches, restés au pouvoir des bandes ennemies. La Chambre du Parlement, réunie à Châlons sous la présidence de *Pothier* et de *de Thou*, rendit, le 10 juin 1591, un arrêt qui déclarait nulles les bulles des Papes comme contraires aux droits de Henri IV contre qui était prononcée l'excommunication, et ordonnait qu'elles seraient brûlées sur la place publique par la main du bourreau. En 1592, le nonce ayant invité la France, de la part du Pape, à élire un roi orthodoxe, le Parlement de Châlons en appela comme d'abus et rendit un arrêt qui déclarait coupable de lèse-majesté quiconque prendrait part à cette élection et condamnait la ville où se tiendraient les États à être détruite de fond en comble.

Après deux assauts et malgré une courageuse résistance, Epernay fut repris en 1592 par le baron *de Rosni*, lieutenant-général de la Ligue. Bientôt Henri IV, accompagné du maréchal de Biron, se présenta devant la ville et plaça son camp sur le chemin de Chouilly. Dans une excursion que le roi et son ami firent à Damery, ils furent aperçus par les vedettes ennemies et un coup de canon, tiré du fort, tua Biron, au moment où Henri IV avait la main sur l'épaule du maréchal.

Epernay capitula le 9 août de la même année 1592.

L'abjuration de Henri IV (25 juillet 1593) ramena le calme en Champagne; mais Reims restant fidèle à la Ligue, le roi se fit sacrer à Chartres. L'année suivante, maître de Paris, Henri IV poussa vivement les hostilités en Champagne, et le duc de Guise, fils du Balafré, se soumit et ouvrit au roi les portes de Reims; Vitry ne lui fut cédé que contre 20,000 écus.

Le poignard de Ravaillac ayant remis la France en des mains débiles, les seigneurs relevèrent la tête et bientôt se révoltèrent ouvertement. Le prince de *Condé* voulut s'emparer de Vitry; il en fut empêché par les secours qu'on y jeta. Mais il occupa, de concert avec les ducs de Bouillon et de Nevers, Sainte-Ménehould, et c'est dans cette ville que fut signé, en 1614, un traité entre Marie de Médicis et les révoltés qui obtinrent des pensions et des charges nouvelles.

La guerre de Trente ans ne laissa de traces que dans l'Argonne; mais, pendant la Fronde, en 1650, Turenne, qui commandait les rebelles, fut battu à *Sommepy*, où il perdit ses enseignes, ses canons et ses munitions. Deux ans plus tard, Condé prit la ville de Sainte-Ménehould, qui s'était vaillamment défendue. Les frondeurs s'y étant de nouveau établis, Turenne qui, cette fois, commandait l'armée royale, en confia l'attaque au maréchal du Plessis-Pralin. *Louis XIV*, alors âgé de quinze ans, voulut assister au siège de la place; la garnison, après des prodiges d'héroïsme, capitula en novembre 1653, et le jeune roi, mettant pied à terre, entra par la brèche, suivi de plusieurs officiers.

La milice rémoise, fidèle à la royauté, repoussa, en 1656 et en 1657, les efforts de Montal, commandant de Rocroy pour les Espagnols; elle battit le chef de l'armée, le comte de Grand-Pré, près de *la Pompelle*.

Tour à tour les troupes royales et celles de la Fronde ravagèrent les cités et les villages de Champagne; les premières ruinèrent Reims, Prosnes, Cormicy, Sacy, Witry-les-Reims, etc.; les Frondeurs, ne trouvant plus de ressources dans ce pays saccagé, détruisirent les châteaux et les lieux de refuge: Ludes, Sept-Saulx, Nogent-l'Abbesse, Saint-Thierry et Baslieux-lès-Fismes.

À la fin du dix-septième et durant une partie du dix-

huitième siècle, sous l'autorité absolue de la royauté, la
Champagne jouit d'une tranquillité relative et put s'occuper d'industrie, de commerce et d'agriculture. Cependant la révocation de l'édit de Nantes (1685), vint
porter un rude coup au développement de la richesse
publique ; 1,250 familles de négociants et un grand
nombre d'ouvriers quittèrent la seule ville de Châlons.

La Révolution et l'Empire. — Le pays tout entier, et
surtout les villes de Châlons, Reims et Epernay, s'asso-
cièrent franchement aux brillantes espérances que le
mouvement révolutionnaire avait fait concevoir ; mais
le caractère calme des Champenois sut faire éviter les
massacres qui ensanglantèrent tant de provinces.

Lors de sa tentative de fuite à l'étranger, *Louis XVI*
passa à Châlons (21 juin 1791), se dirigeant sur Sainte-
Ménehould. Arrivé dans cette dernière ville, le roi fut
reconnu par le fils du maître de poste, nommé *Drouet*.
Ce jeune homme, craignant une erreur, rentra chez son
père pour confronter la figure du roi avec son effigie em-
preinte sur un assignat, et il acquit la certitude que ses
doutes étaient fondés. Il n'osa pas jeter un cri d'alarme
de peur d'être maltraité par les dragons de l'escorte,
mais il prit la résolution de faire arrêter les fugitifs
aussitôt qu'il trouverait une occasion favorable. Il était
huit heures du soir : Drouet monta à cheval et suivit la
voiture. En arrivant à Clermont-en-Argonne, Louis XVI
trouva une foule menaçante déjà prévenue par Drouet
qui avait gagné de l'avance. Malgré les dangers qui le
menaçaient et après s'être trompé de route, Drouet arriva avant les fugitifs à *Varennes*, où il eut le temps de
prévenir Billaud-Varennes. La voiture fut arrêtée par
Drouet et ses amis, sous la porte voûtée qui donne passage à la route de Montmédy. Louis XVI et sa famille
furent conduits chez le procureur de la commune qui,
sûr de l'appui d'une nombreuse garde civique, déclara
au roi qu'il l'arrêtait au nom de la nation. Le roi re-
passa à Châlons le lendemain, escorté par les clameurs
d'une foule menaçante.

L'Autriche et l'Allemagne, s'étant coalisées pour
rendre à Louis XVI son pouvoir absolu, se dirigèrent de
Coblentz sur Paris avec 160,000 hommes et, le 10 juillet 1792, la France était envahie. Le 10 août, *La Fayette*

s'enfuit chez les alliés et *Dumouriez* le remplaça à la tête de l'armée du Nord composée de 90.000 recrues indisciplinées, tandis que *Kellermann* commandait en Lorraine. Le 23 août, Longwy fut pris par Brunswick, l'auteur du célèbre manifeste et le commandant de l'armée des alliés, qui se dirigea ensuite sur Verdun. *Beaurepaire*, l'héroïque défenseur de cette cité, se fit sauter la cervelle plutôt que de capituler. Les Prussiens entrèrent à Verdun le 2 septembre et poursuivirent leur marche entre les deux armées de Kellermann et de Dumouriez. Celui-ci, posté sur les hauteurs boisées de l'Argonne, voulut les arrêter; mais Brunswick enleva les passages de la *Croix-au-Bois* et du *Chêne-Populeux* (Ardennes), et se dirigea vers la vallée de la Marne. Dumouriez, au lieu de se replier sur Paris, resta audacieusement dans l'Argonne, sur les derrières de l'ennemi, et appela à lui Kellermann. Voulant assurer sa conquête, Brunswick retourna vers l'est pour attaquer l'armée française dont les deux chefs étaient réunis et s'étaient postés entre Sainte-Ménehould et Suippes, sur les dernières hauteurs dominant les plaines de la Champagne, parmi lesquelles le mont d'Orbéval, près de Valmy, était défendu par dix-huit pièces de canon. Les Prussiens s'établirent à deux kilomètres de là, au lieu dit *La Lune*. Leurs efforts se concentrèrent sur le plateau de *Valmy* qu'ils canonnèrent vigoureusement; les conscrits français conservèrent, sous le feu de l'ennemi, un tel sang-froid que les généraux en furent émus. « Une malheureuse explosion, survenue dans les batteries françaises, amena de ce côté un certain désordre, et Brunswick crut le moment favorable pour lancer ses colonnes d'attaque contre l'armée française. » Kellermann, électrisé par le sang-froid de ses artilleurs, laissa l'ennemi s'avancer sans faire feu, puis, mettant son chapeau au bout de son épée, s'écria : « Vive la nation ! camarades, allons vaincre pour elle. » Les Français se précipitent à la baïonnette, les Prussiens hésitent devant cet enthousiasme patriotique, l'artillerie française redouble ses efforts, elle déchire avec ses boulets les colonnes ennemies; Brunswick comprend que ce n'est pas la victoire qui l'attend; il donne le signal de la retraite, et les colonnes d'attaque rétrogradent lentement et en bon ordre (20 septembre 1790). Mais l'armée des coalisés, mal ravitaillée, décimée par une dysenterie épouvantable dont l'eau crayeuse et une affreuse nourriture accroissaient tous les jours l'intensité, fut obligée de se retirer à travers les défilés dégarnis de l'Argonne ; et bientôt Verdun et Longwy étaient repris par les Français.

Les vallées de l'Auve, de la Bionne, de la Tourbe et de l'Aisne furent le théâtre de cette glorieuse bataille, et la France reconnaissante a voulu éterniser la mémoire du beau fait d'armes de Kellermann en érigeant, sur ce lieu même, une modeste pyramide dans laquelle repose le cœur de ce général.

Pendant les guerres de la République et de l'Empire, le département de la Marne fournit toujours sans difficulté son contingent de soldats et plus d'un jeune Marnais se distingua sur les champs de bataille de l'Europe. Mais les ressources en population virile étaient bien affaiblies quand, en 1814, il fallut repousser l'invasion étrangère qui inonda la Marne, plus que tout autre exposée, par sa position, aux ravages des armées ennemies.

Parti de Paris le 25 janvier 1814, Napoléon arriva le soir à Châlons où il avait établi son quartier général et un grand magasin de fourrages et de vivres. Les maréchaux *Ney*, *Marmont* et *Victor* se réunirent à Vitry-le-François, où vint les rejoindre *Oudinot* avec 7.000 hommes de la garde.

Le lendemain, l'armée française entrait dans *Saint-Dizier* et, le 27, délogeait l'ennemi, rejetant sur la Haute-Marne un corps de l'armée de Silésie.

Après les deux victoires de *Brienne* (20 janvier) et de *Rothière* (1er février), la route de Vitry-le-François n'était plus gardée ; un parti de cosaques, qui s'était montré à Sermaize et à Pargny-sur-Saulx, vint, après avoir été renforcé, attaquer Vitry-le-François commandé par le général *Montmarie*. L'attaque fut bien soutenue ; mais, le 4 février, ne pouvant plus tenir, le général fit sauter le pont et évacua la place qui bientôt fut occupée par l'ennemi. Dès le 3 février, le général prussien Yorck se dirigea avec douze mille hommes sur Châlons où commandait le maréchal duc de Tarente. Celui-ci alla avec 7.000 soldats à la rencontre de l'ennemi et l'on se battit à *la Chaussée*. Obligé de reculer, le duc de Tarente fit partir sur la route de Troyes la plus grande partie de ses troupes et rentra dans la place avec 1500 hommes. L'ennemi s'avança, mais les boulets français ayant jeté le désordre dans ses rangs, il se dispersa et établit au moulin Picot des batteries qui bombardèrent la ville ; bientôt le gouverneur dut céder et, le 5, les Prussiens entraient à Châlons. Reims fut tour à tour occupé par les Russes et les Français (5-22 février). Napoléon, qui avait établi son quartier général à Nogent-sur-Seine, apprit que les Prussiens étaient dans une mauvaise position près de *Sézanne* ; il y courut et surprit dans cette ville le général Alsufiew. Il le poursuivit et l'atteignit à *Champaubert*. Les Français gagnèrent la bataille et firent prisonniers le général avec 47 officiers de sa division ; le lendemain, le corps commandé par Sacken fut défait à *Montmirail* (11 février) et les Prussiens battus et repoussés jusqu'au pont de Château-Thierry (12 février). Blücher, qui accourait de Fère-Champenoise, fut vaincu et mis en fuite à *Vauchamps* (14 février), où il perdit 14.000 hommes. Malgré l'habileté de sa tactique et sa prodigieuse activité, qui lui valurent de gagner la bataille de *Montereau* (18 février), Napoléon ne pouvait plus empêcher les coalisés de se réunir dans les vallées de la Seine et de la Marne : c'est alors qu'il rendit les décrets de Fismes appelant aux armes tous les Français.

Ceux-ci, victorieux à *Craonne*, attaquèrent *Reims* et le reprirent (15 mars), ainsi qu'Epernay et Châlons qui retombèrent bientôt entre les mains des alliés. Linthes, Eloges, Vertus, Sézanne et Dormans furent le théâtre d'engagements heureux, mais qui n'arrêtèrent pas les progrès des ennemis. L'armée française, sous le commandement des maréchaux *Marmont* et *Mortier*, dut reculer entre Sézanne et *Fère-Champenoise*, où elle livra une bataille sanglante (25 mars) dont la perte ouvrit aux coalisés la route de Paris. On vit dans cette rencontre cinq à six mille gardes nationaux, luttant d'héroïsme avec la vieille garde, combattre contre les 100.000 hommes de Blücher et de Schwartzemberg et se faire hacher plutôt que de se rendre.

Par une manœuvre aussi hardie que désespérée, Napoléon, ralliant les débris de ses années et se jetant sur les derrières de l'armée ennemie, remporta à *Saint-Dizier* (6 mars) une dernière victoire qui resta sans résultats : la capitulation de Paris (30 mars 1814) terminait cette guerre pendant laquelle les Marnais avaient fait preuve du plus grand patriotisme.

Après la bataille de Waterloo (18 juin 1815), les Bavarois et les Russes envahirent encore la Marne, et Châlons fut attaqué (2 juillet) par le général Czernitcheff. Après une canonnade assez vive, plusieurs combats furent livrés sous les murs de la place qui dut capituler, malgré le courage de la garnison et d'une partie des habitants ; la soldatesque profita avec fureur de la permission qui lui fut accordée de se livrer pendant une heure au pillage. M. Ducauzé de Nazelles, maire de la ville, fut tué d'un coup de lance en voulant arrêter le désordre. Reims dut ouvrir ses portes le 8 juillet à un corps de Hessois ; Vitry-le-François, bloqué par les Russes depuis le 7, capitula le 20 du même mois. D'août à novembre, le Mont-Aimé devint le point de concentration des troupes alliées qui ravageaient la Champagne ; un camp y fut établi et l'empereur de Russie fit exécuter, dans les plaines qui environnent Vertus, des manœuvres fort curieuses, il est vrai, mais qui détruisirent les récoltes et ruinèrent pour longtemps cette contrée.

Le département de la Marne éprouva de grandes pertes pendant l'occupation étrangère, qui rançonnait les villes et les campagnes.

Reims vit une dernière fois la cérémonie du sacre en faveur de *Charles X* (1825).

Période contemporaine. — Le département de la Marne, se trouvant sur le chemin de Paris, devait encore être ravagé par une nouvelle invasion, lors de la guerre de 1870.

Dès le 16 août, les débris du corps d'armée du maréchal de *Mac-Mahon* arrivaient au camp de Châlons, pour s'y reformer après la bataille de *Fræschwiller* ; le général de *Failly* y arrivait le 20. Les soldats, souillés de boue, n'ayant ni tentes, ni effets, étaient déjà démoralisés, l'ordre et la discipline devenaient difficiles ; ils trouvèrent réunis les mobiles de la Seine qui furent des braves, le moment venu. Cette armée était campée entre La Veuve et Bouy, et bon nombre d'hommes bivouaquaient autour de Châlons encombré d'artillerie, de cavalerie et de fantassins, et où *Napoléon III* était arrivé sombre et inquiet. Bientôt le général *Trochu* rappela au camp de Saint-Maur la garde mobile parisienne en lui annonçant qu'elle allait être appelée à défendre ses foyers. L'armée du prince royal s'avança sur Châlons, espérant livrer bataille à Mac-Mahon avant que sa nouvelle armée fût complétement organisée. Le maréchal, après avoir longtemps résisté à Napoléon III, sacrifia sa renommée de capitaine pour sauver son honneur de soldat ; il partit, après avoir brûlé son camp, (23 août), avec 120.000 hommes, 400 canons et 70 mitrailleuses, se dirigea sur Reims, puis s'achemina lentement par Berru, Epoye, Pont-Faverger et Bitheniville, vers l'Argonne, pour rejoindre Bazaine à Metz. La rencontre de l'avant-garde avec l'armée du prince de Saxe obligea Mac-Mahon à changer de direction, et cette marche aboutit à la catastrophe de *Sedan* (1er septembre.) Les Allemands ont laissé dans la Marne des traces sanglantes qui ne s'effaceront jamais : les mobiles de Vitry massacrés, les communes de Conflans et de Marcilly-sur-Seine pillées et incendiées rappelleront la cruauté et la froide vengeance des envahisseurs.

Un décret du 16 juillet 1870 appelait à l'activité la garde nationale mobile : les jeunes gens des arrondissements de Vitry-le-François et de Sainte-Ménehould devaient se réunir à Vitry les 10, 11 et 12 août. Le temps ne permit pas d'habiller les mobiles : les soldats reçurent une simple cocarde tricolore qui, pour les sous-officiers et les caporaux, était ornée d'un filet doré ou rouge ; ce fut pour les uns et pour les autres une source de cruels traitements et même de graves périls ; les officiers seuls étaient vêtus de leurs uniformes.

Le commandant de la place, voyant l'état de délabrement des moyens de défense, fit travailler activement les soldats placés sous ses ordres ; le 21 août seulement les mobiles, armés de fusils à tabatière avec baïonnette, commençaient sérieusement les exercices ; il y avait alors dans la place environ 1150 hommes.

Le 21, le commandant reçut l'ordre de faire sauter le pont du chemin de fer et de réunir à l'armée le bataillon des mobiles. Le lendemain, dans l'après-midi, un corps de cavalerie s'approcha de Vitry et des uhlans se montrèrent sur la route de Saint-Dizier ; l'un d'eux vint même jusqu'auprès du pont, et dit, en français, quelques mots de la brasserie Lacombe où il avait travaillé. Un mobile, choqué de cette audace, ne put se contenir et tira sur le Prussien, mais le coup ne porta pas ; le uhlan répondit par un geste railleur et grossier.

Ne pouvant compter sur aucun secours, le commandant de la place réunit le conseil de défense, le 24, à six heures du soir, et l'évacuation de Vitry fut décidée.

Par l'intermédiaire d'une servante qui parlait l'allemand et dont ne se défiaient pas les officiers prussiens, le commandant des mobiles apprit que les ennemis étaient en nombre vers Blacy, Huiron, Norrois et Bignicourt-sur-Marne, de sorte que les directions est, sud et ouest étaient toutes occupées et qu'il n'y avait plus de libre que la route nord-est. Des éclaireurs furent envoyés dans la direction de Saint-Mard-sur-le-Mont ; ils ne virent pas de Prussiens. Dans une dernière réunion, la majorité du Conseil de défense fut d'avis de suivre la route de l'Argonne. Les soldats furent avertis ; ils partirent avec leurs fusils et chacun avec douze cartouches ; à une heure du matin (25 août), la petite troupe quittait Vitry. De grand matin, les mobiles traversèrent Bassuet, Bassu et Vanault-le-Châtel ; après une courte halte, ils continuèrent leur route ; à deux kilomètres d'Epense, on aperçut sur la droite d'épais nuages de poussière, comme une masse noire s'agitant sur le sol. Bientôt des éclaireurs ennemis vinrent se rendre compte de l'état de la colonne, et rejoignirent ensuite leur détachement. Le commandant des mobiles posta ses hommes au lieu dit *La Basse*, près d'une ferme située entre Dampierre-le-Château et Sivry-sur-Ante ; mais, à la première décharge d'artillerie, beaucoup de ces jeunes gens s'enfuirent par des chemins détournés. La cavalerie les poursuivit et les fit prisonniers, puis elle chargea plusieurs fois ceux qui, avec plus de sang-froid, se défendaient vaillamment ; après un régiment de hussards prussiens, le 15e uhlans prit part à cette affaire.

Il fallut succomber sous le nombre ; les prisonniers furent dirigés vers Sivry-sur-Ante, puis on passa à Ante, Villers-en-Argonne, et on prit la route de Passavant.

Vers cinq heures, les Mobiles, réduits à 800 hommes environ, arrivèrent près de cette dernière commune ; les Prussiens commandèrent une petite halte, puis ils précipitèrent la marche. Les habitants de Passavant, malgré les coups de lance et de sabre, donnaient aux mobiles mourant de faim et de soif, du pain, du vin et de l'eau, mais les Prussiens de l'escorte s'en emparaient souvent au passage.

Au moment où la colonne quittait le village par une descente assez rapide, les prisonniers, serrés par les chevaux des ennemis, étaient exténués ; l'un d'eux, sous le coup d'une forte poussée, fut lancé sur le talus de la route qu'il descendit très rapidement ; un soldat prussien lui déchargea alors un coup de fusil presque à bout portant et le tua. Ce fait causa un grand désordre dans les derniers rangs ; un second coup de feu décida les Mobiles à fuir de tous côtés. Ce fut un massacre indescriptible de ces hommes désarmés ; les officiers eux-mêmes furent insultés. Le maire de Passavant intervint avec courage et faillit deux fois être victime de son dévouement. Trente-deux morts furent ramassés sur le territoire de Passavant, et des quarante-huit blessés reçus à l'ambulance de la mairie le soir du massacre, six succombèrent pendant la nuit du 25 au 26 août.

Les survivants continuèrent leur route pour l'exil ; les privations, les souffrances physiques et morales décimèrent les prisonniers qui furent internés à Glogau, place forte sur l'Oder (1er septembre) ; ceux qui avaient pu supporter ces sept longs mois de captivité, rentrèrent à Vitry, le 19 avril 1871. Un monument commémoratif a été érigé sur le lieu du massacre, à Passavant.

Pendant l'invasion de 1870, les Allemands accablèrent de réquisitions, de contributions et d'amendes, toutes les communes occupées par eux, et surtout celles qui étaient dénoncées comme donnant asile à des francs-tireurs. Le 1er janvier 1871, une colonne ennemie fut chargée de recouvrer des sommes dues par Baudement et Conflans-sur-Seine ; 150 francs-tireurs, postés dans les bois voisins, avertis que les Allemands devaient passer par la route de Saron-sur-Aube à Marcilly-sur-Seine, se décidèrent à les attaquer. Malheureusement ceux-ci furent prévenus et retournèrent sur leurs pas ; ils feignirent de se diriger sur Saint-Just et Romilly. Les Français se portèrent alors sur Marcilly et Conflans, espérant attaquer les Allemands, près de Romilly. A peine les francs-tireurs étaient-ils arrivés à Conflans que le cri : « Les Prussiens sont à Marcilly, » les décida à s'embusquer près de la route qui relie ces deux communes. Une reconnaissance de trois cavaliers s'avança vers Conflans, deux furent tués, et le troisième, qui était blessé, rejoignit sa colonne abritée par les tas de planches et de bois du port de Marcilly. Une fusillade bien nourrie s'engagea alors et, bien que luttant en rase campagne contre un ennemi plus nombreux, les Français le repoussèrent et le poursuivirent jusqu'à Saint-Quentin-le-Verger ; faute de munitions, il fallut s'arrêter. Les Prussiens requirent des voitures pour transporter leurs morts et leurs blessés; ils continuèrent leur retraite jusqu'à Vitry-le-François, ayant ainsi parcouru en une seule nuit plus de quatre-vingt-dix kilomètres.

Cet échec devait être cruellement vengé : le neuf janvier, une colonne d'environ 700 hommes arrivait à Conflans, et le 10, après avoir imposé de fortes réquisitions, pillé et saccagé les maisons des personnes signalées comme francs-tireurs, retournait sur Troyes, emmenant le maire et trois autres otages qui furent gardés captifs pendant 32 jours. Le 26, toutes les villes environnantes étaient occupées par des troupes munies de canons et de mitrailleuses; d'autre part arrivait à Marcilly un fort détachement qui avait ordre d'incendier cette commune ainsi que Conflans. Une soldatesque ivre qui pillait partout et maltraitait les habitants exécuta cet ordre barbare. A Conflans, 90 maisons, dont la mairie, l'école des garçons, une partie de l'école des filles et le presbytère, avec ce qu'elles contenaient, furent dévorées par les flammes ; les pertes s'élevèrent à 485,000 francs; à Marcilly-sur-Seine, 57 maisons, parmi lesquelles les écoles de garçons et de filles, ainsi que le presbytère, furent détruites par l'incendie; cette commune, moins éprouvée que Conflans, perdit environ 370,000 francs.

Toutes les classes de la société ont fourni des victimes à la cruauté prussienne. Le 18 janvier 1871 arrivait à Vendières (Aisne) un détachement allemand, chargé de venger deux cantinières allemandes que des francs-tireurs avaient surprises et emmenées avec deux cantiniers; ceux-ci étaient parvenus à s'échapper. L'institu-teur Leroy (Jules-Nicolas), bien qu'étranger à ce qui s'était passé, fut désigné par les cantiniers allemands comme l'un des chefs de la compagnie des francs-tireurs. Brutalement arraché de sa classe, accablé de coups de pied et de coups de crosse, Leroy fut emmené, et, après un voyage des plus douloureux et des plus pénibles, il arriva à Châlons où il fut interné à la prison militaire. Un conseil de guerre se réunit et condamna à mort quatre des prisonniers. Le 22 janvier, vers sept heures du matin, Leroy et ses trois compagnons furent conduits au lieu choisi pour l'exécution; sur le passage du lugubre cortège, Leroy criait : « Venez, venez voir, habitants de Châlons, comment meurt un Français in-nocent. » Quatre trous avaient été creusés, et au bord de chaque fosse était une bière. A sept heures un quart, les quatre prisonniers tombaient sous les balles allemandes au pied du mur d'un bâtiment appelé « *le Manège* » (caserne Chanzy). En 1874, sur la proposi-tion de M. Faure, alors maire de Châlons, il a été érigé au cimetière un monument commémoratif, et sur le mur près duquel avait eu lieu l'exécution, on a posé une plaque rappelant ce tragique épisode de la guerre de 1870.

L'histoire de la Marne est féconde en généreux exem-ples de courage et de patriotisme; de tout temps, les Champenois ont lutté avec énergie pour défendre le sol de notre chère patrie; les jeunes Marnais auront à cœur de marcher sur les traces de leurs aînés, et, si un jour la France a besoin de leurs bras, ils sacrifieront tout pour son honneur et sa gloire et pour l'intégrité de ses frontières.

LES PERSONNAGES REMARQUABLES

DU

DÉPARTEMENT DE LA MARNE

Par P. CHEVALLIER

Inspecteur primaire, Officier d'Académie.

I. — ÉCRIVAINS

DESCHAMPS (Eustache), dit Morel, est né à Vertus, en 1328. Ce poète français dut son surnom à son teint noir et à sa captivité chez les Maures. Huissier d'armes de Charles V et de Charles VI, il prit part aux luttes contre les Flamands et contre les Anglais. Il a laissé un poème satirique, un traité de rhétorique et de prosodie française, ainsi que des fables qui forment la meilleure partie de ses œuvres : elles sont remarquables par leur style naïf, ingénu, en même temps que satirique. La Fontaine les a imitées. Nous avons aussi de lui des ballades et d'autres pièces dont beaucoup sont encore inédites. Il mourut en 1421.

COQUILLARD (Guillaume), ancien poète français du xvᵉ siècle, né à Reims, était officier de l'église de cette ville vers 1478. Il a été célèbre par sa facilité et son naturel dans les pièces dramatiques et satiriques. On a de lui un poème dialogué : *Plaidoyer et enquête entre le simple et la rusée*, et quelques autres œuvres. Il est mort en 1490.

ABLANCOURT (Nicolas Perrot d') naquit à Châlons-sur-Marne en 1606 et mourut en 1664. Membre de l'Académie française en 1637, il fut présenté, comme historiographe, par Colbert, à Louis XIV, qui le repoussa parce qu'il était protestant. Il fut célèbre par ses traductions, qu'on appelait les *belles infidèles*, de Tacite, César, Xénophon, Thucydide, Lucien, Frontin, etc.

RICHELET (César-Pierre), grammairien français, né à Cheminon, en 1631, exerça la profession d'avocat à Paris, puis abandonna le barreau pour les lettres. Il mourut en 1698. On lui doit : un *Dictionnaire français* (1680, in-4°) dont on a fait de nombreuses réimpressions, augmentées, corrigées, etc ; le *Dictionnaire des rimes*, précédé d'un *Traité de versification française*, (Paris 1692, in-12). Il a aussi donné une *Grammaire française*, tirée de l'usage et des bons auteurs, (Paris 1694, in-12).

LÉVESQUE DE PROUILLY (Louis-Jean), moraliste, né à Reims en 1691, fit partie de l'Académie des Inscriptions et Belles-Lettres en 1722, et devint lieutenant-général du présidial de Reims. Il a écrit une *Théorie des sentiments agréables*. Dans plusieurs mémoires, insérés dans le recueil de l'Académie, il a essayé de démontrer l'inexactitude des quatre premiers siècles de l'histoire romaine. Il est mort en 1750. Son fils, *Jean Simon*, né à Reims (1734-1820), ainsi que son frère, *Lévesque de Burigny* (Jean) (1692-1785), furent membres de la même Académie des Inscriptions.

LINGUET (Simon-Nicolas-Henri), avocat et publiciste, naquit à Reims en 1736. Après de brillantes études au collège de Beauvais, à Paris, il suivit le duc de Deux-Ponts (Bavière) en Pologne, et le prince de Beauvau en Portugal ; il étudia à Madrid la littérature espagnole et se fit recevoir avocat à Paris en 1764. Il eut de brillants succès, et l'on vante ses plaidoyers pour le duc d'Aiguillon et le comte de Morangiès ; mais il s'attira beaucoup d'ennemis par sa présomption et son esprit railleur. Il se fit rayer du tableau des avocats en 1774, échoua lorsqu'il se présenta à l'Académie française, et se vengea en attaquant la plupart des écrivains. Il se fit journaliste et rédigea le *Journal politique et littéraire*, mais il perdit son privilège en 1776. Après avoir parcouru plusieurs pays étrangers, il publia en Angleterre des *Annales politiques* qui le firent mettre à la Bastille, puis exiler à Rethel, quand il revint en France. A Bruxelles, il gagna la faveur de Joseph II, qui lui donna des lettres de noblesse, mais il défendit contre ce prince les insurgés des Pays-Bas et se fit chasser des Etats autrichiens. Il reparut à Paris en 1791, attaquant les colons de Saint-Domingue, puis dénonçant, en 1796, le ministre Bertrand de Molleville; il n'en fut pas moins condamné par le tribunal révolutionnaire pour avoir encensé les despotes de Vienne et de Londres.

Il avait du talent, un esprit fort et mordant, mais il aimait trop les paradoxes et le scandale ; quoiqu'il ait beaucoup écrit, peu de ses œuvres sont vraiment remarquables : histoire, philosophie, économie politique, théâtre, tout était pour lui un sujet d'études et d'ouvrages nouveaux. Il mourut en 1794.

TRONSON DU COUDRAY (Guillaume-Alexandre) naquit à Reims en 1750. Il s'occupa d'abord de commerce, puis étudia la jurisprudence, et, sous les auspices d'Elie de Beaumont et de Malesherbes, acquit bientôt, comme avocat, une assez grande réputation. A l'époque de la Révolution, il défendit courageusement la Royauté menacée et sollicita l'honneur périlleux d'être l'un des avocats de Louis XVI. Il prêta aussi le secours de sa parole brillante à Marie-Antoinette et à d'autres illustres accusés. Il entra ensuite au conseil des Anciens et se déclara contre le Directoire. Frappé au 18 fructidor an V (4 septembre 1797), il fut déporté à Sinnamary et y mourut en 1798.

BERRYER (Pierre-Nicolas), né à Sainte-Ménehould en 1757 et mort en 1841, fut un éminent jurisconsulte et un avocat remarquable par l'éclat et l'abondance de sa parole. Il plaida plusieurs causes très célèbres : celle de Moreau, du maire d'Anvers, accusé d'irrégularités dans l'administration des deniers de cette ville, et surtout, avec son fils (*Antoine-Pierre*) (1798-1868), celle du maréchal Ney, en 1815. Il a laissé des *Souvenirs* édités en 1836, curieux pour l'histoire du barreau. Outre le célèbre orateur du parti légitimiste, il eut un autre fils, *Hippolyte-Nicolas*, qui mourut général de brigade en 1857.

GÉRUZEZ (Eugène), né à Reims en 1799, fils d'un professeur distingué, élève de l'École normale supérieure, suppléant de M. Villemain à la Faculté des lettres de Paris (1834), fut nommé agrégé en 1840, professa jusqu'en 1852 et mourut secrétaire de la Faculté en 1865. Il a publié plusieurs ouvrages estimés sur la littérature.

II. — SAVANTS ET ÉRUDITS

AKAKIA (Martin) naquit à Châlons vers la fin du xve siècle. Il devint médecin de François 1er et professeur de chirurgie à l'Université de Paris. Il traduisit deux ouvrages de Claude Galien, célèbre médecin romain qui vivait au 2e siècle de l'ère chrétienne. Il mourut en 1551, laissant un fils nommé aussi Martin, qui acquit une célébrité plus grande encore ; ce dernier devint en 1572 premier lecteur du roi Charles IX et professeur royal de chirurgie. Nommé, en 1578, médecin de Henri III, il mourut en 1588.

BELLEVAL (Pierre-Richer de), né à Châlons-sur-Marne en 1558, passe pour avoir été le fondateur de l'enseignement de la botanique en France. Henri IV créa, en 1593, le premier jardin botanique à Montpellier, et chargea Belleval d'enseigner la botanique. Il a écrit un assez grand nombre d'ouvrages sur les plantes du Languedoc, et a essayé de classer les plantes et d'établir une nomenclature raisonnée. Il mourut en 1623.

BERGIER (Nicolas), né à Reims en 1567, archéologue, avocat, devint syndic de sa ville natale ; il obtint, par la protection du Président de Bellièvre, le brevet d'historiographe et, encouragé par le savant Peiresc, étudia avec ardeur les voies romaines. De ses différents ouvrages, le seul connu a pour titre : *Histoire des grands chemins de l'empire romain* (1622). Cet ouvrage, trop diffus, n'en renferme pas moins beaucoup de véritable science. Bergier est mort en 1623.

MOIVRE (Abraham), né en 1667 à Vitry en Champagne d'une famille protestante, passa en Angleterre (1688), où il se lia avec Newton, et mourut en 1754. On cite de lui divers travaux sur le calcul des probabilités (1730).

BAYEN (Pierre). Il naquit à Châlons-sur-Marne en 1725 et rendit de grands services dans les armées, où il créa en quelque sorte la pharmacie militaire. Il fut chargé d'analyser les eaux minérales de France, et il a laissé, sur ce sujet, des écrits intéressants, comme l'*Analyse des eaux de Bagnères-de-Luchon*, en 1765 ; il découvrit la propriété fulminante du mercure dans quelques-unes de ses combinaisons, rédigea de nombreux mémoires sur les marbres, les serpentines, les ophites, les jaspes, etc. Il constata l'augmentation de poids qu'acquièrent les métaux par l'oxydation et prépara les découvertes de Lavoisier. Il démontra que l'arsenic de l'étain, s'il y en a, ne peut être nuisible dans les usages domestiques. Ses importants travaux lui ouvrirent les portes de l'Institut. Il mourut en 1798.

MACQUART (Louis-Charles-Henri), médecin, né à Reims en 1745, fit, aux frais du Gouvernement, un voyage minéralogique dans le nord de l'Europe. On lui doit : *Manuel sur les propriétés de l'eau* ; *Mémoire sur plusieurs points de minéralogie* ; *Nouveau dictionnaire de santé*. Il est mort en 1808.

BOUDET (Jean-Pierre), né à Reims en 1748, fut employé par le Comité de salut public à l'extraction des salpêtres et à la fabrication de la poudre. Il fit partie de l'expédition d'Égypte, y dirigea la pharmacie de la marine, puis fit les campagnes de 1805 et 1806. Il devint ensuite pharmacien en chef de la Charité, et membre de l'Académie de médecine. L'un des fondateurs de la Société de Pharmacie, il a coopéré à la rédaction du « *Code pharmaceutique* » et a publié plusieurs mémoires intéressants. Il est mort en 1828.

SIRET (Charles-Joseph), professeur, frère de Siret le théologien, naquit à Reims en 1760. Il fut professeur et censeur au Lycée de sa ville natale. Il mourut en 1830. Il est l'auteur de « l'*Epitome historiæ græcæ* », (1798).

BEAUTEMPS-BEAUPRÉ (Charles-François) est né à La Neuville-au-Pont, près Sainte-Ménehould, en 1766. Il fut de bonne heure attaché, comme ingénieur, au dépôt des cartes de la marine. En 1781, il accompagna l'amiral d'Entrecasteaux, envoyé à la recherche de La Pérouse, leva avec précision le plan des contrées parcourues par l'expédition, et mit les Anglais sur la voie de la découverte de la terre de Diémen. Il imagina dès lors une nouvelle méthode hydrographique ; il l'appliqua au *Plan de l'Escaut*, à la description de *la Côte orientale de l'Adriatique, de la rive gauche de l'embouchure de l'Elbe*. Comme ingénieur hydrographe en chef de la marine il dirigea, de 1815 à 1838, la rédaction des belles cartes imprimées en 1844. Il était, depuis 1810, membre de l'Académie des sciences ; de plus, il faisait partie du Bureau des longitudes. Les Anglais l'ont surnommé le « *Père de l'hydrographie.* » Il mourut en 1854.

ROYER-COLLARD (Antoine-Athanase), médecin, frère de Royer-Collard, homme d'Etat et philosophe, naquit à Sompuis en 1768. Il étudia chez les Oratoriens, fonda à Lyon un journal hostile aux Jacobins, se cacha dans un modeste emploi à l'armée de Paris, et vint ensuite dans la capitale étudier la médecine. Reçu docteur en 1802, avec une thèse remarquable sur l'aménorrhée, il créa la *Bibliothèque médicinale*, qu'il dirigea pendant 20 ans. Médecin en chef de la maison d'aliénés de Charenton en 1806, il en fit l'un des plus beaux établissements de l'Europe. Inspecteur général des Ecoles de médecine, en 1808, il fut professeur de médecine légale à l'Ecole de médecine (1816), fit un cours de pathologie mentale en 1819, et eut un grand succès comme professeur. Il est mort en 1825. On a de lui : *Rapports au Ministre de l'Intérieur sur les ouvrages envoyés au concours sur le croup*, (1812, in-4°). Il a laissé un grand nombre d'observations et de notes, surtout sur les maladies mentales.

POLONCEAU (Antoine-Remi) est né en 1778 à Reims. Il sortit en 1799 de l'Ecole polytechnique et, sous l'Empire, il fut employé à la construction des routes du Simplon, du mont Genèvre et du mont Cenis. Sous la Restauration, il proposa un rouleau-compresseur pour l'entretien des routes macadamisées, dont il introduisit le système, et remplaça les pilotis par le béton dans les constructions hydrauliques. Il contribua encore à la fondation de la ferme-école de Grignon. Sous le Gouvernement de Juillet, il construisit le pont du Carrousel (1834), et mourut en 1847.

ARCHIAC (Etienne-Jules-Adolphe, Desmier de Saint-Simon, vicomte d'), savant géologue, est né à Reims en 1802. D'abord officier de cavalerie, il s'occupa, après 1830, de travaux littéraires, et écrivit notamment un roman, *Les Chevaliers de Rhodes*; mais il se fit surtout connaître par de sérieuses études de géologie sur les terrains secondaire et tertiaire. Il a publié, au nom de la Société géologique, une grande *Histoire du progrès de la géologie depuis 1834*. Membre de l'Académie des sciences en 1857, il fut professeur au Collège de France. On lui doit un rapport remarquable sur les progrès et l'état de la Paléontologie à la suite de l'Exposition universelle de 1867. Il mourut en 1869.

III. — HOMMES DE GUERRE

JOVINUS ou **JOVIN**, général romain, est né à Reims dans les premières années du IVe siècle. De simple citoyen, par ses talents militaires il sut s'élever jusqu'au consulat, en 367. Il se distingua dans la défense de Reims contre les Allemands (366) et servit avec bravoure et fidélité les Romains; à la mort de Julien, il refusa l'empire. Il embellit Reims et fit construire, près de son palais, situé à l'est de cette ville, une église qu'il dédia à saint Vital et saint Agricole ; il mourut en 379. Son tombeau, un bel ouvrage de sculpture, se voit encore au musée de Reims.

CHATILLON (Gaucher-Désiré, comte de Crécy), né à Châtillon-sur-Marne en 1250, fut connétable de

Champagne en 1286, puis connétable de France après la bataille de Courtray, où il s'était distingué (1302). Vainqueur à Mons-en-Puelle, en 1304, il fut l'un des plus grands personnages de son temps. Il battit encore les Flamands à Cassel, en 1328, et mourut en 1329.

JOYEUSE-GRANDPRÉ (Jean-Armand, marquis de), est né à Ville-sur-Tourbe en 1631. D'abord connu sous le nom de *Chevalier de Grandpré*, il servit avec distinction depuis 1648, ne devint lieutenant-général qu'en 1674, fut nommé maréchal de France en 1693 et commanda l'aile gauche de l'armée française à Nerwinde. En 1703, il devint gouverneur des Trois-Évêchés. Il mourut en 1710.

FÉRY (Michel), général de brigade, né à Châlons, le 28 juin 1757, se signala à l'armée de la Moselle, et dans la Vendée, où il résista à Moustiers, avec 300 hommes, à l'attaque de 1200 royalistes soutenus par deux pièces de canon. Le 5 nivôse an IX (24 décembre 1800), lors du passage du Mincio par l'armée française, il repoussa, avec une demi-brigade, un corps de 14,000 Autrichiens, lui prit quatre pièces de canon et lui fit 900 prisonniers. Il mourut en 1811.

SAINTE-SUZANNE (le comte Gilles-Joseph-Marie Bruneteau de), général de division, pair de France, naquit à Châlons le 8 mars 1760. Il entra au service en 1784 comme sous-lieutenant au régiment d'Anjou. Général de brigade en 1796, il se distingua sur le Rhin; devenu général de division, il battit l'archiduc Charles aux affaires de Rastadt et d'Ettlingen (1796). Quelques années après, il devint conseiller d'État et titulaire de la sénatorerie de Pau (1804); il fut envoyé à l'île Bourbon qu'il défendit en 1810 contre des forces anglaises supérieures en nombre. Louis XVIII le nomma pair de France en 1814, et il fut confirmé dans ces fonctions après les Cent-Jours. Il refusa de prendre part au jugement du maréchal Ney et vota toujours avec l'opposition libérale. Il mourut en 1830. On a de lui *l'histoire du siège de Dantzig en 1807* et *Projets de changements à opérer dans le système des places fortes*.

DROUET D'ERLON (Jean-Baptiste, comte) est né à Reims en 1765; il s'engagea comme simple soldat en 1782; dix-sept ans plus tard, il était général de brigade, et, en 1800, il commandait une division. Sous l'empire, il se distingua à Iéna, au siège de Dantzig, à Friedland et en Espagne. La première Restauration le nomma président du Conseil de guerre qui acquitta Excelmans, puis l'impliqua dans le complot d'un autre général, fidèle à Napoléon Ier. Créé pair de France pendant les Cent-Jours, il assista à la bataille de Waterloo. Proscrit en 1815, il ouvrit une brasserie à Munich et rentra après l'amnistie qui suivit le sacre de Charles X, en 1825. Rappelé à l'activité par le gouvernement de Juillet, il commanda à Nantes pendant la tentative de la duchesse de Berry en Vendée (1832); en Algérie (1834), puis encore à Nantes (1835). Il fut nommé maréchal de France en 1843 et mourut l'année suivante.

LOCHET (Pierre-Charles) est né à Châlons en 1767. Engagé volontaire en 1784, il fut fait colonel le 30 fructidor an IV (16 septembre 1796). Le 1er prairial an VI (18 mai 1798), il repoussa, à la tête de deux cents hommes, un débarquement des Anglais, près d'Ostende, et il força deux mille d'entre eux à mettre bas les armes. Au passage de la Linth (rivière de Suisse), attaqué inopinément par le prince de Wurtemberg, Lochet culbuta l'ennemi à la baïonnette, et lui fit de nombreux prisonniers. Il se distingua aussi à la bataille d'Austerlitz, où il était général; il soutint dans un village, avec la plus grande valeur, l'effort d'un corps d'armée russe, et assura ainsi le succès des troupes du maréchal Davoust.

Lochet fut tué, d'un coup de feu au front, à la bataille d'Eylau, le 8 février 1807.

VALLIN (Louis, vicomte de), général, né à Dormans en 1770, s'enrôla dans les volontaires de 1792, devint capitaine en 1793, fut chef d'escadron à l'armée du Rhin sous Moreau, devint colonel des hussards en 1807, après la campagne de Pologne, et général de brigade à la bataille de Smorgoni, dans la campagne de Russie. Il assista à la bataille de Waterloo et ramena l'arrière-garde française jusqu'à Paris. Inspecteur-général de cavalerie sous la Restauration, il figura à l'avant-garde de l'armée d'Espage (1823) et fut nommé lieutenant-général. Il fut, sous Louis-Philippe, inspecteur-général de la gendarmerie.

Il mourut en 1854.

HERBILLON (Émile), général de division, est né à Châlons le 23 mars 1794. Entré au service en 1813, Herbillon, déjà sous-lieutenant en 1814, se distingua dans les dernières campagnes de l'Empire. Rendu à la vie civile à la Restauration, il fut replacé avec son grade dans la légion de la Marne, devenue plus tard le 51e régiment de ligne. Il fit la campagne d'Espagne et, après un séjour de quatre années à la Guadeloupe, il revint en France, capitaine adjudant-major. En 1837, il partit pour l'Afrique, où, l'année suivante, il commanda le camp de Medjez-Hammar, province de Constantine. Promu colonel en 1842, il fit avec éclat plusieurs expéditions jusque dans le Sahara (1843-1847). Nommé général de brigade (1850), général de division (1852), il commanda la réserve lors de l'expédition de Crimée, et se signala de la manière la plus remarquable à la bataille de Tracktir. En rentrant en France, il fut nommé grand'croix de la Légion d'honneur, membre du Comité d'infanterie et général-inspecteur. Lors de la guerre d'Italie, il reçut le commandement de Gênes. Il mourut à Paris, le 25 avril 1866.

IV. — HOMMES D'ÉTAT ET PERSONNAGES POLITIQUES

SILLERY (Nicolas-Bruslart ou Brûlart, marquis de) est né à Sillery, en 1544. Il fut conseiller au Parlement de Paris, maître des requêtes, ambassadeur en Suisse (1589 et 1595), président à mortier au Parlement, plénipotentiaire pour la paix de Vervins (1598). Puis il négocia le divorce de Henri IV et son mariage avec Marie de Médicis (1599). Il fut garde des sceaux en 1604 et chancelier en 1607. Le maréchal d'Ancre le fit éloigner du conseil en 1612, mais il garda les sceaux jusqu'en 1616, et les reprit en 1623. Richelieu le fit définitivement disgracier en 1624. Patient, souple, adroit, mais cupide, il avait surtout une grande expérience des hommes et des choses. Il mourut en 1624.

COLBERT (Jean-Baptiste, marquis de Seignelay), né à Reims, le 29 août 1619, fut placé par son oncle Odart Colbert, négociant à Troyes, chez deux banquiers de Mazarin; en 1648, il entra dans les bureaux du secrétaire d'État au département de la guerre, Le Tellier, puis devint intendant du premier ministre. Celui-ci, en mourant (1661), le légua à Louis XIV. Dès lors Colbert exerça, jusqu'à sa mort, une grande et heureuse influence sur le gouvernement de la France. Après la chute de Fouquet, qu'il poursuivait avec trop d'animosité, il devint contrôleur-général des finances, ministre de la marine, surintendant des bâtiments, et son activité s'étendit presque à tout le gouvernement. Son ardeur fut infatigable, sa volonté ferme, son commerce d'une sûreté inébranlable. Comme ministre des finances, il fit rendre gorge aux traitants par le moyen d'une chambre ardente (1661-1665), diminua ou supprima les rentes achetées à vil prix, surveilla avec sévérité les agents des finances, supprima beaucoup d'offices et de titres de noblesse usurpés, dégagea les domaines aliénés, diminua les tailles et la gabelle, mais augmenta beaucoup les aides et les impôts de consommation. Il rétablit partout l'ordre et la comptabilité, fit dresser chaque année une espèce de budget appelé *état de prévoyance*.

Il protégea l'agriculture contre les gens de guerre et les agents du fisc, créa des haras, introduisit des bestiaux et ordonna le dessèchement des marais, mais il maintint l'interdiction du libre commerce des grains. Il créa véritablement l'industrie française par l'établissement de nombreuses manufactures, des conseils de prud'hommes et d'un code spécial aux métiers et aux corporations industrielles. Le commerce fut aussi l'objet de ses soins; il abolit les douanes intérieures dans douze provinces. Routes améliorées ou construites et canal du Languedoc creusé, compagnies maritimes organisées, constructeurs et armateurs de navires subventionnés, franchise accordée dans trois grands ports, colonies augmentées et protégées témoignent de sa sollicitude active et éclairée. La marine militaire ne fut oubliée ni sacrifiée, tant s'en faut. Brest, Toulon et Rochefort devinrent grands ports de guerre; la flotte possédait cent quatre-vingt-seize bâtiments en 1672. Il aurait voulu donner à la France l'unité législative et il introduisit dans nos lois des réformes équitables et généreuses; mais il échoua devant les résistances ouvertes ou occultes des intéressés. Colbert s'occupa activement de la police générale et l'organisa plus spécialement à Paris avec le concours de la Reynie; il encouragea les lettres, les sciences et les arts, fonda l'Académie des Inscriptions et Belles-Lettres (1663), l'Académie des Sciences (1666), l'Observatoire, etc.; il fit élever la colonnade du Louvre, les portes Saint-Denis et Saint-Martin, les Tuileries et la Bibliothèque royale. Il faisait partie de l'Académie française depuis 1667. Son action fut prédominante dans les conseils du gouvernement jusqu'en 1671, mais alors on vit l'emporter la faveur de Louvois, fils du secrétaire d'État Le Tellier, le goût des grandes dépenses, la politique fastueuse et guerrière. Colbert lutta jusqu'à la mort contre ce fatal entraînement, peu aimé des courtisans et du roi lui-même, haï du peuple qui l'accusait de l'augmentation des impôts, et, plus d'une fois, il fut question de sa disgrâce. C'est seulement après sa mort, arrivée le 6 septembre 1683, qu'on a rendu justice à son génie.

DROUET (Jean-Baptiste), député et sous-préfet, est né à Sainte-Ménehould en 1763. Il se trouvait dans son pays, où son père était maître de poste, quand Louis XVI s'enfuit de Paris (juin 1791). Il le reconnut à son passage et le fit arrêter à Varennes (22 juin). Député à la Convention, il siégea à la Montagne et vota la mort du roi. Pris par le prince de Cobourg, près de Maubeuge, où il était commissaire à l'armée du Nord, il fut l'un des prisonniers échangés contre la fille de Louis XVI en 1795. Compromis dans l'affaire de Babœuf, il parvint à s'échapper. Sous le Consulat et l'Empire, il devint sous-préfet de Sainte-Ménehould et fut porté à la Chambre des représentants pendant les Cent-Jours. Proscrit en 1815, il rentra secrètement en France et, caché sous le nom de Merger, demeura à Mâcon jusqu'à sa mort, en 1824.

ROYER-COLLARD (Pierre-Paul), homme d'État et philosophe, est né à Sompuis en 1763. Fils d'un propriétaire campagnard et d'une mère austère janséniste, il étudia sous les Pères de la Doctrine et fut de bonne heure avocat à Paris, se mêla aux événements de la Révolution et devint même secrétaire-adjoint de la municipalité. Après le 10 Août, il se retira, vécut à Sompuis, mais fut député au Conseil des Cinq-Cents en 1797. Expulsé au 18 fructidor an V (4 septembre 1797), il se rapprocha des royalistes et entra en correspondance avec Louis XVIII. A l'avènement de l'Empire, il abandonna la politique pour ne s'occuper que de philosophie. Nommé professeur à la Faculté des lettres de Paris (1809), il répudia la philosophie du dix-huitième siècle et montra un rare talent de parole et une logique puissante dans l'exposition des doctrines spiritualistes de l'école écossaise. Directeur de la librairie et de l'imprimerie (1814), président de la Commission de l'Instruction publique (1815), il rendit de grands services dans ces fonctions, créa des chaires d'histoire dans les collèges, et, à la Chambre des députés, fut bientôt le chef des royalistes modérés et constitutionnels qui voulaient l'union de la royauté et de la liberté et qu'on nomma les *doctrinaires*. En 1820, il donna sa démission et combattit dès lors avec une éloquence pleine de force et d'élévation la politique du ministère Villèle; ses discours contre les lois sur le sacrilège, le droit d'ainesse, la police de la presse, etc., eurent beaucoup de retentissement et sont restés célèbres. En 1827, sept collèges l'élurent à la fois et l'Académie française le reçut dans son sein. Charles X le nomma président de la Chambre en 1828; il remplit ces fonctions, si difficiles à cette époque troublée, avec fermeté et impartialité; il présenta au roi l'adresse des 221; et après 1830, quoique mécontent, chagrin, il soutint jusqu'en 1842 un gouvernement qu'il n'avait pas élevé, mais qui restait la seule barrière contre d'odieuses entreprises. La plupart de ses élèves étaient alors au pouvoir et on a pu dire qu'il a été l'un des fondateurs du régime constitutionnel en France. Comme philosophe, il s'est mis à la tête du mouvement spiritualiste qui a produit *l'école éclectique*; il a été le maître de Cousin, Jouffroy et Damiron. Outre ses discours politiques, il n'a laissé que des discours académiques et des fragments philosophiques joints à la traduction de *Reid* par Jouffroy. Il mourut en 1845 et, dix ans plus tard, Vitry-le-François lui éleva une statue.

V. — HOMMES D'ÉGLISE

FLODOART ou **FRODOARD,** chroniqueur du moyen âge, né à Épernay en 894, fut disciple de Remi d'Auxerre, devint garde des églises de Reims, chanoine du chapitre de cette ville, curé de Cormicy (canton de Bourgogne), en 925, puis de Corroy (canton de Fère-Champenoise). Il mourut abbé d'un monastère inconnu, en 966. On a de lui : une *Chronique sacrée* en vers latins; l'*Histoire de l'église de Reims* en prose latine, ouvrage curieux et important; une *Chronique de France de 919 à 966*, qui a été traduite dans la collection des mémoires relatifs à l'*Histoire de France* par M. Guizot.

URBAIN II (Eudes ou Odon) est né à Lagery, près de Châtillon-sur-Marne; il eut, à Reims, saint Bruno pour maître, fut prieur de Cluny, puis nommé, en 1078, cardinal et évêque d'Ostie. A la mort de Victor III, il fut élu pape en 1088. Il eut à lutter contre l'antipape Guibert que soutenait l'empereur d'Allemagne Henri IV. Urbain suivit la politique de Grégoire VII, excommunia le roi de France, Philippe Ier, aux conciles d'Autun et de Clermont, et surtout prit une grande part à la prédication de la première croisade; il encouragea Pierre l'Ermite, prépara l'expédition au concile de Plaisance (1094), la décida à celui de Clermont (1095). Il mourut en 1099. Une statue lui a été érigée en 1887 à Châtillon-sur-Marne.

PARIS (Mathieu) (Parisius ou Parisiensis), chroniqueur latin, né vers 1195, se fit bénédictin au monastère de Saint-Albans (Lincoln) (1217). Chargé d'écrire la chronique de cette maison après Roger de Wendover (1235), il visita la Norvège (1248-1250) et se trouva en relations avec les plus hauts personnages de son pays. Il mourut en 1259. Son principal ouvrage s'étend de la conquête normande à la mort de l'auteur, mais G. Ris-

hanger l'a continué jusqu'à la fin du règne de Henri III
(1272). La période antérieure à 1235 n'est guère qu'une
transcription de la chronique de Roger de Wendover.
On en a une traduction française par M. Huillard-
Bréholles. Il ne paraît pas que l'on doive attribuer à
Mathieu Paris la compilation historique qui est en tête
de la chronique de Mathieu Westminster.

DORMANS (Jean de), né à Dormans, fut d'abord
avocat au Parlement, puis évêque de Beauvais sous
Charles V ; il devint chancelier de France et légat du
pape Grégoire X ; il fut chargé de rétablir la paix entre
la France et l'Angleterre. Il fonda à Paris, en 1370, le
collège de Dormans-Beauvais, dans lequel il institua
douze bourses pour ceux de ses jeunes concitoyens qui
montreraient du goût pour les études classiques ; en
1371, le nombre des bourses fut porté à dix-sept, et en
1372, à vingt-quatre.

Cette institution rendit de grands services aux habitants de Dormans dont, à cette époque, la majorité fut
lettrée. En 1764, par décision du roi, à la date du
7 avril, le collège Dormans-Beauvais fut réuni au collège Louis-le-Grand où quarante bourses durent être
mises à la disposition des évincés. Jean de Dormans
était mort en 1373.

CLÉMENGIS (Clémangis ou Clamenges), (Mathieu-
Nicolas de), né, vers 1360, à Clamanges, canton de Vertus, mort vers 1440, fut recteur de l'Université de Paris
(1393), présenta en 1394, au nom de la Sorbonne, au roi
Charles VI, un traité dans lequel il exposait les moyens
de faire cesser le schisme et devint secrétaire de Be-
noist XIII. Soupçonné d'avoir rédigé une bulle d'excommunication contre Charles VI, en 1408, il se retira
en Toscane dans l'abbaye de Vallombreuse, où il écrivit
ses principaux ouvrages. Il put enfin rentrer en France,
fut trésorier de Langres, archidiacre de Bayeux, et
mourut au collège de Navarre, avec la réputation d'un
homme pieux, d'un écrivain élégant, d'un censeur sé-
vère des princes, des papes, du clergé.

ESPENCE (Claude d'), prêtre, est né à Châlons, en

1511. Il étudia les humanités à Paris, au collège de Calvi, la philosophie au collège de Beauvais et la théologie au collège de Navarre. Il n'avait que vingt-neuf ans lorsqu'il fut élu recteur de l'Université de Paris; deux ans après (1542), il prit le bonnet de docteur en Sorbonne.

Le cardinal de Lorraine, qui connaissait son mérite, l'attacha à sa personne et lui confia plusieurs missions importantes; il l'emmena en Flandre et le fit assister aux négociations entre François Ier et Charles-Quint (1544). En 1555, d'Espense accompagna son maître à Rome, où son mérite séduisit tellement le pape Paul IV qu'il l'eût fait cardinal si des envieux ne l'eussent desservi. D'Espense fut, paraît-il, heureux d'échapper à cet honneur, dont ses idées libérales ne lui faisaient que médiocrement apprécier le prix. Il se distingua aux états d'Orléans (1560) et argumenta au colloque de Poissy (1561) où sa tolérance et ses vues élevées, en matière de liberté religieuse, lui suscitèrent plus d'un ennemi. Il mourut en 1571. Claude d'Espense fut, tout à la fois, un adroit politique, un savant théologien et un écrivain fécond. Ses connaissances et son érudition étaient fort étendues.

BLONDEL (David) naquit à Châlons en 1591. Il était doué d'une mémoire prodigieuse et plein d'ardeur pour l'étude; fort jeune, il fit de grands progrès dans les lettres, la théologie et l'histoire; il figura avec éclat dans tous les synodes qui se tinrent de son temps, en qualité de secrétaire ou de député. Nommé professeur d'histoire à l'école d'Amsterdam, en 1650, il y succéda au célèbre Vossius; mais son assiduité au travail et l'air d'Amsterdam lui causèrent une fluxion des yeux qui lui fit perdre la vue. Il mourut le 6 avril 1655. La plupart de ses ouvrages, assez estimés, sont des écrits de controverse et des considérations religieuses et politiques.

RETZ (Jean-François-Paul de Gondi, cardinal de,) petit-neveu de Pierre de Gondi, né à Montmirail en 1614, fut, dès sa jeunesse, destiné à l'épiscopat, mais ne montra d'abord aucun goût pour la carrière ecclésiastique. Il eut pour professeur saint Vincent de Paul et

entra dans l'ordre de Malte. Après avoir longtemps
mené une existence très dissipée et même licencieuse,
et s'être fait connaître par ses duels et ses complots
contre Richelieu, il se livra enfin sérieusement aux
études théologiques et obtint un grand succès comme
prédicateur. Il devint archevêque de Corinthe *in par-
tibus* et, à l'âge de vingt-neuf ans, fut nommé coadju-
teur de l'archevêque de Paris, son oncle (1643). Il s'acquitta d'abord avec beaucoup de zèle de ses devoirs
religieux et se rendit très populaire par ses aumônes et
ses abondantes largesses. Mazarin, jaloux de toutes les
supériorités, en prit ombrage et, dès lors, ils devinrent
ennemis. Ce fut à l'occasion des premiers troubles de la
Fronde que leur inimitié éclata. Gondi se jeta avec ardeur dans le parti des adversaires du ministre; par le
crédit qu'il avait acquis sur le peuple, les bourgeois et
le Parlement, il parvint à faire exiler Mazarin et rentra
un moment en grâce auprès de la reine régente : celle-
ci lui promit le cardinalat, qu'il obtint enfin en 1651.
Mais, après avoir quelque temps joué un rôle si important dans les troubles de la Fronde, il perdit toute sa
popularité au rétablissement de l'ordre, en 1652. Il fut
mis à la Bastille sans que le peuple fît aucune démonstration en sa faveur. Il était à Vincennes, lorsqu'il prit
possession, par procureur, du siège de Paris (mars 1654).
Étant parvenu à s'évader de Nantes, où il avait été
enfermé en dernier lieu, il parcourut successivement
l'Espagne, l'Italie, la Hollande et les Pays-Bas et ne
rentra en France qu'après la mort de Mazarin. Alors il
fut obligé d'accepter le titre d'abbé de Saint-Denis en
échange de son archevêché de Paris, dont il dut se dé-
mettre (1662); à dater de ce moment il renonça à la
politique et donna l'exemple d'une vie aussi régulière
que sa jeunesse avait été désordonnée. Il paya ses dettes
qui s'élevaient à plus de 4 millions de notre monnaie et
se retira à Saint-Mihiel en Lorraine, où il écrivit ses
Mémoires, son plus beau titre à la célébrité, qui paru-
rent, pour la première fois, à Nancy, en 1717 (3 volumes
in-12). « Cet homme singulier, dit Voltaire, s'est peint
lui-même dans ses Mémoires, écrits avec un air de
grandeur, une impétuosité de génie et une inégalité
qui sont l'image de sa conduite. » On a dit de lui que

c'était un Catilina en soutane, mais il n'avait ni le courage belliqueux, ni surtout les vues subversives du conspirateur romain ; loin de vouloir comme lui bouleverser l'État, il n'avait, à vrai dire, aucun but déterminé que celui de renverser Mazarin, et semble n'avoir aimé l'intrigue que pour l'intrigue. Il avait publié à 18 ans *la Conjuration de Fiesque*, livre original, écrit avec une certaine maturité de style et une hardiesse d'opinions qui effraya Richelieu et qui eût pu faire présager, en Paul de Gondi, le futur chef de parti. Il mourut en 1679. Les meilleures éditions de ses Mémoires sont celles que M. Géruzez a données d'après le manuscrit original conservé à la Bibliothèque nationale de Paris (1844, 2 volumes in-12) et celles de M. Champollion-Figeac (1859, 4 volumes in-18).

MABILLON (Jean), né en 1632, à Saint-Pierre-Mont, près de Reims, savant bénédictin, prononça ses vœux en 1654. Appelé à l'abbaye de Saint-Germain-des-Prés (1644), il y prépara et publia un important ouvrage sur saint Benoît, le fondateur de l'ordre (1668-1701); en même temps, il fut chargé d'excursions bibliographiques dans les Flandres, en Lorraine, en Suisse, en Allemagne et enfin en Italie (1671-1686). Il écrivit : *Traité de la Diplomatique* (1681); *Traité des études monastiques* (1691); *Une réfutation de certaines erreurs de l'abbé de Rancé* (1698), qui lui valut les remercîments de Fléchier; enfin le commencement des *Annales de l'ordre de Saint-Benoît* (1703 à 1707). Il mourut en cette dernière année, avant d'avoir terminé ce monument de sa vie.

PERIGNON (dom Pierre), naquit à Sainte-Ménehould en 1638. Il devint bénédictin de l'abbaye d'Hautvillers (canton d'Ay), rendit à la Champagne un important service par son habileté à gouverner les vins et par l'art avec lequel il les mariait. C'est lui qui a trouvé le secret de faire les vins mousseux et non mousseux, et le moyen de les éclaircir sans dépoter les bouteilles. Il mourut en 1715.

LA SALLE (Jean-Baptiste de) est né à Reims en 1651; chanoine de Reims, il est célèbre comme fondateur des Frères des Ecoles chrétiennes, dont l'Institut fut approuvé par Benoît XIII, en 1725. Il y consacra sa fortune, triompha de tous les obstacles, et écrivit pour l'instruction des enfants et notamment pour les frères : *Conduite des écoles chrétiennes; Les Douze vertus d'un bon maître*. Mort en 1719, il fut, en 1840, proclamé vénérable par Grégoire XVI; il a été béatifié, en 1888, par Léon XIII.

RUINART (Thierri), né à Reims, en 1657, fut le collaborateur de Mabillon ; il mourut en 1709. Parmi ses bons ouvrages, on distingue : une excellente édition de *Grégoire de Tours* et de *Frédégonde* (1699, in-folio); une *Apologie de la mission de saint Maur*. Il a pris part à la rédaction des derniers volumes des *Actes des Saints de l'ordre de Saint-Benoît* et des *Annales ;* on lui doit encore un *Abrégé de la vie de Mabillon*, (1709, in-12).

GODINOT (Jean), né à Reims en 1661, devint chanoine de l'église de sa ville natale. S'étant enrichi dans le commerce des vins, il consacra sa fortune à des œuvres de bienfaisance, fondant des hôpitaux, établissant des écoles gratuites, élevant des fontaines publiques et ornant le chœur de la cathédrale de Reims, sa patrie.

PLUCHE (Noël-Antoine) est né en 1688, à Reims; il enseigna au collège de sa ville natale, puis fut appelé à diriger celui de Laon. Prêtre, il refusa d'adhérer à la bulle *Unigenitus* (1713) et de donner sa démission; il se consacra à l'enseignement privé, d'abord à Rouen, puis à Paris; il mourut en 1761.

On a de lui : *Spectacle de la nature* (1761, 9 volumes in-12); *Histoire du Ciel* (2 volumes in-12 ;) ces deux ouvrages ont été traduits à l'étranger ; *Harmonies des psaumes et de l'Evangile; Mécanique des langues*, etc.

VELLY (Paul-François) naquit à Crugny, près de Reims (1709). Il quitta la Société des Jésuites en 1740, mais continua de professer dans leur collège de Louis-le-Grand. Il travailla longtemps à une *Histoire générale* de France. Son plan était bien disposé et comprenait plus de parties que les histoires de Maizerai et de Daniel ; il ne tira pas du tout le parti désirable des sources de notre histoire. Son style est assez net. Il publia, en 1755, les deux premiers volumes, et il avait commencé le huitième qui atteint le règne de Philippe IV, lorsqu'il mourut (1759). Villaret et Garnier ont continué son œuvre avec supériorité. L'édition de 1770-85 comprend 15 volumes in-4°.

SIRET (Pierre-Hubert-Christophe), chanoine de Sainte-Geneviève, théologien, prédicateur, est né à Reims en 1754. Il a laissé : *Éloges du cardinal de Belloy et de Louis XVI; Mémorial de la chaire* (1824, in-12). Il mourut en 1834.

LORIQUET (Jean-Nicolas) naquit à Épernay en 1760. Il entra dans les ordres, s'affilia de bonne heure à la Congrégation des Pères de la Foi, devint professeur au petit séminaire de Largentière, puis, en 1814, supérieur de la maison d'Aix, enfin, fut chargé par les Jésuites de fonder une maison d'éducation à Saint-Acheul, près d'Amiens. Cet établissement fut très célèbre pendant la Restauration jusqu'en 1828, époque à laquelle il fut fermé par le ministère Martignac.

Loriquet se réfugia en Suisse (1830), fut nommé supérieur de la maison de Paris en 1833, et préfet spirituel de la congrégation en 1838. On lui doit un très grand nombre de livres d'éducation, notamment son *Histoire de France à l'usage de la jeunesse*, où les faits ont été souvent défigurés d'une manière étrange. Il mourut en 1845.

VI. — ARTISTES

NANTEUIL (Robert), peintre et graveur, né à Reims vers 1623, mort en 1678, a laissé un grand nombre de portraits gravés, qui le placent au premier rang. On remarque ceux de Pomponne de Bellièvre, d'Anne d'Autriche, de Le Tellier, etc. Louis XIV le fit graveur et dessinateur de son cabinet.

AUBRIET (Claude), peintre d'histoire naturelle, est né à Châlons-sur-Marne en 1651. Il a fait les dessins des œuvres du botaniste Tournefort qu'il avait accompagné dans le Levant après sa nomination au poste de dessinateur du Jardin du Roi. Il est un des collaborateurs des dessins de plantes sur vélin commencés par Nicolas Robert de Langres. La Bibliothèque nationale a de lui cinq volumes in-folio de poissons, d'oiseaux, de coquillages, de papillons et de fleurs. Il mourut en 1743.

DESPORTES (François), peintre, né à Champigneul-Champagne en 1661, a réussi à représenter les animaux et la nature morte. Louis XIV, le Régent et Louis XV l'honoraient d'une estime particulière. Il mourut en 1743.

CHEDEL (Quentin-Pierre), graveur, est né à Châlons en 1705. Il fut l'un des dessinateurs et des graveurs les plus célèbres du XVIIIe siècle. Ses œuvres les plus estimées sont : *l'Embrasement de Troyes*, gravé d'après le tableau d'un peintre assez célèbre, *l'Ouvrage du matin*, *l'Heure du diner*, *l'Après-midi* et les *Adieux du soir*, d'après Teniers. Il a laissé un nombre considérable de gravures ; elles sont presque toutes remarquables par la délicatesse et le fini des détails. Il mourut en 1762.

LEDOUX (Claude-Nicolas), architecte, né à Dormans en 1756, fut élève de Blondel ; il construisit à Paris plusieurs beaux hôtels, et surtout les *Barrières* de la capitale. On a de lui l'*Architecture considérée sous le rapport de l'art, des mœurs et de la législation*. Il mourut en 1806.

VII. — DIVERS

GOBELIN (Gilles ou Jehan), célèbre teinturier, né à Reims, alla se fixer à Paris vers 1450, sur les bords de la Bièvre, et y inventa la belle couleur écarlate dite des Gobelins. La petite rivière sur laquelle il s'était établi prit aussi son nom ainsi que sa maison. Bien qu'ayant fait pour ses recherches des dépenses considérables, il légua une grande fortune à ses enfants qui continuèrent son industrie. Il mourut en 1476. On a dit que cette famille était originaire de Flandre et qu'elle s'appelait d'abord Gobeelen. Les descendants continuèrent la profession de Jehan Gobelin jusqu'au milieu du xviie siècle, où achetèrent des titres et des emplois dans la magistrature. En 1662, Colbert acheta, au nom de Louis XVI, l'Hostel des Gobelins, et c'est sur cet emplacement que l'on établit la célèbre manufacture royale de tapis, qui a perpétué jusqu'à nous le nom des Gobelins.

LECOUVREUR (Adrienne), tragédienne, née à Damery, près d'Épernay, en 1692, se destina de bonne heure au théâtre. Elle joua une année à Strasbourg et débuta avec succès à Paris, en 1717, dans le rôle de *Monime* ; elle s'appliqua surtout à prendre le ton naturel, et à éviter la déclamation ; elle réussit moins dans la comédie. Elle compta parmi ses admirateurs Voltaire et le maréchal de Saxe, et lorsque celui-ci fut nommé duc de Courlande, elle mit en gage son argenterie et ses bijoux pour lui procurer de l'argent. On a dit qu'elle mourut de chagrin, de la peine que lui causa la conduite légère de Maurice de Saxe, mais d'autres auteurs ont prétendu que la jalousie avait armé du poison la main d'une princesse rivale. Elle mourut en 1730. Sa mort a inspiré à M. Legouvé fils le beau drame d'*Adrienne Lecouvreur*, en 1839.

FIN

TABLE

DES PERSONNAGES REMARQUABLES DE LA MARNE

ÉMILE COLIN. — Imprimerie de Lagny.

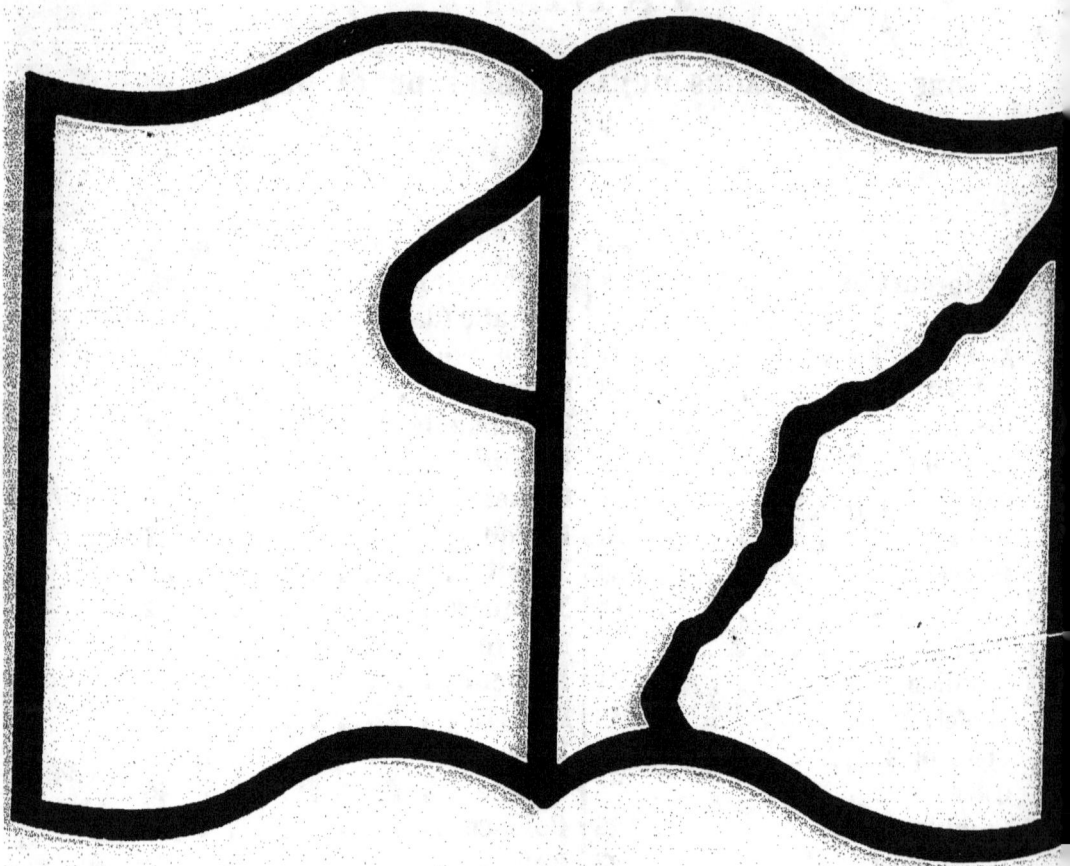

Texte détérioré — reliure défectueuse

NF Z **43**-120-11

www.ingramcontent.com/pod-product-compliance
Lightning Source LLC
LaVergne TN
LVHW022205080426
835511LV00008B/1585